GW01311726

```
G R S J L H A M S T R
T N D E T L U P A T A
N S I O S I E Q G U V W D R E
V A K G X S H P E P E E F I F
B V S                         L G U
F M S                         N G S
L Y Q                         H L I
L B L A T                 O N E H P
U I B V S                 C N A R F
K T U M L                 O R I E S
L T N E S                 N C U A O
A E T A P                 T I S T R
G R S J L                 I N G S
T N D E T                 C W W R
N S I O                   W D R E
V A K                     I F
B V S                     L G U
F M S                     N G S
L Y Q M L C O G E E S H H L I
R K T W O I K F V M Q R T Y N
I U P D D O Z M A D A M P S G
Q P U R E B R E D S A L N L E
```

Word Searches -pages 5 to 32

Crosswords -pages 34 to 63

Sudoku -pages 64 to 91

Mazes -pages 94 to 123

Solutions - pages 125 to 158

WORD SEARCHES

Puzzle #1

Assorted Words 1

solution page 125

```
D E N N I S T N E T A L N V L
D E S L U P Y C L O Y E D R I
R S C A R A V A N U E V Q P G
S T E L L A P M R R X X U O H
M O A B M T L P P F P Y I L T
J R D G R Y B A L L E L L I H
I U J C D A N I K U N D T T E
K N U N R D I G Y N S Q E I A
R M S E X E N N A K E D D C R
S O T N I P K S S Y J T P I T
M R A H N O L O F T P M R Z E
P A B J C R I L O A O P C E D
P L L G P T U L O H L R I D X
Y S E H C T I R B N K A M H H
T I N T E R L E A V I N G S E
```

ADJUSTABLE	DEPORT	PALLETS
ANNEXES	EXPENSE	PINTOS
BRAINSTORMS	FLUNKY	POLITICIZED
BRITCHES	HIPPY	PULSED
CAMPAIGNS	HOOKER	QUILTED
CARAVAN	INTERLEAVING	SINNED
CLOYED	LATENTS	UNMORAL
DEFRAYS	LIGHTHEARTED	

Puzzle #2

Assorted Words 2

solution page 125

```
S  W  X  S  D  N  U  O  R  G  R  I  A  F  F
I  H  N  F  A  H  S  E  N  S  I  B  L  E  S
Z  Q  T  O  R  R  E  V  I  T  I  S  O  P  U
H  F  D  O  I  E  X  S  R  E  K  R  O  W  N
M  Y  E  W  R  T  E  N  I  K  I  N  A  M  S
A  C  P  K  T  T  A  S  T  T  N  F  S  C  T
D  I  F  F  E  R  E  N  T  I  A  L  S  Z  A
R  E  T  R  O  F  M  O  C  B  K  N  W  Q  T
N  M  D  D  G  O  C  C  U  P  A  N  T  O  E
A  K  A  A  R  E  V  E  N  U  E  B  R  L  D
V  L  N  D  C  U  E  T  T  E  L  I  O  T  Y
H  I  G  D  P  S  E  T  U  M  R  E  P  A  R
S  Y  L  Y  L  B  A  V  O  M  M  I  V  F  W
E  U  E  V  I  T  A  C  I  N  U  M  M  O  C
I  N  T  E  R  L  O  P  E  R  S  T  S  D  J
```

CASCADED
COMFORTER
COMMUNICATIVE
DADDY
DANGLE
DIFFERENTIALS
FAIRGROUNDS
FREEST

HESITANTLY
IMMOVABLY
INTERLOPERS
MANIKIN
NATION
OCCUPANT
PERMUTES
POSITIVER

REVENUE
SENSIBLES
TOILETTE
TROTHS
UNSTATED
WORKERS

Puzzle #3

Assorted Words 3

solution page 125

```
W  Z  V  G  Y  L  L  A  N  O  I  T  A  N  W
B  W  O  J  N  F  R  E  T  I  C  E  N  C  E
D  U  O  Y  S  I  E  P  B  H  G  F  R  I  M
S  A  I  U  Q  O  L  L  O  C  I  H  D  X  S
R  E  K  C  I  H  T  T  I  T  T  A  T  H  P
Y  E  S  N  U  C  K  N  S  C  E  J  M  L  F
D  T  W  O  A  L  L  V  A  U  I  E  W  I  Y
L  E  N  S  P  C  L  L  W  C  H  T  R  M  N
S  E  T  E  J  X  B  I  R  D  E  D  I  T  A
E  L  S  A  I  N  E  D  T  J  H  D  U  E  P
T  C  F  A  G  T  D  R  E  S  S  I  N  G  S
T  Y  I  G  E  O  A  B  E  F  I  T  Q  J  U
E  C  U  X  I  N  R  P  A  V  N  D  R  S  Z
E  O  Y  E  C  N  U  E  M  Y  O  A  L  A  E
S  N  A  T  C  H  E  S  D  I  Y  D  G  C  P
```

BIRDED
CANTOS
COLLOQUIA
DEROGATED
DISTILL
DRESSING
FELICITIES
HUSTLING

IMPATIENT
NATIONALLY
NIGHTLY
OVEREXPOSES
PARTS
RETICENCE
SETTEES
SNATCHES

SNUCK
THIAMIN
THICKER
TREETOP
UNEASE

Puzzle #4

Assorted Words 4

solution page 125

```
U  C  A  N  O  I  X  I  F  I  C  U  R  C  M
D  U  Z  P  E  I  S  R  E  G  N  A  D  O  O
I  G  N  I  P  P  I  P  Y  V  L  M  E  V  L
M  U  B  G  E  O  Q  V  Y  E  A  L  X  E  L
A  P  P  E  N  D  I  C  I  T  I  S  P  R  Y
L  C  S  C  D  I  A  N  J  U  Q  S  L  T  C
I  E  I  E  G  R  T  N  T  U  Y  G  O  A  O
G  E  N  G  L  R  O  A  N  E  V  S  I  K  D
N  P  L  G  A  O  A  O  M  O  E  T  T  I  D
A  R  R  D  T  R  H  U  M  A  L  G  E  N  L
N  E  G  N  W  H  I  Y  G  S  G  O  D  G  E
T  L  Q  S  G  A  Y  L  E  A  M  L  C  L  S
S  U  I  D  X  O  D  Y  L  K  J  A  A  E  E
O  D  M  N  Z  M  O  N  S  O  O  N  S  M  K
G  E  I  P  K  A  F  E  C  E  S  D  J  U  A
```

AMALGAMATING
APPENDICITIS
APPOINTEE
BEDROOMS
CIGARILLOS
COLONNADE
CRUCIFIXION
DANGERS

DAWDLE
EXPLOITED
FECES
JAGUAR
KEYHOLES
LENGTHY
MALIGNANTS
MOLLYCODDLES

MONSOONS
OVERTAKING
PIPPING
PRELUDE

Puzzle #5

4TH OF JULY

solution page 126

```
S  I  A  I  F  K  T  K  H  V  Y  W  R  U  D
P  D  T  B  A  L  L  O  O  N  S  T  X  U  U
A  U  O  O  I  M  A  P  Z  W  E  T  R  H  B
R  Y  F  N  V  Q  E  G  I  U  X  E  A  A  X
K  G  L  F  S  B  A  R  B  E  Q  U  E  R  P
L  A  V  I  N  R  A  C  I  U  H  F  W  K  S
E  X  B  R  M  S  E  H  C  C  P  R  I  D  E
R  W  X  E  E  A  K  G  O  N  A  E  J  S  D
S  H  A  S  Q  D  F  R  R  T  G  E  U  N  U
I  L  Q  S  K  R  A  P  O  U  D  D  L  W  Z
Z  C  I  N  C  I  P  R  G  W  B  O  Y  O  X
F  U  I  C  E  C  R  E  A  M  E  M  G  X  X
U  K  D  D  K  K  Z  N  M  P  X  R  A  S  R
G  R  E  K  C  A  R  C  E  R  I  F  I  H  O
J  L  I  B  E  R  T  Y  S  P  K  S  F  F  D
```

AMERICA
BALLOONS
BARBEQUE
BONFIRES
CARNIVAL
FAMILY
FIRECRACKER
FIREWORKS
FLAG

FREEDOM
GAMES
HAMBURGERS
HOT DOGS
ICE CREAM
JULY
LIBERTY
PARADE
PARKS

PARTY
PICNIC
PIE
PRIDE
SPARKLERS
STARS

Puzzle #6

ACTIONS

solution page 126

```
P  G  P  G  G  S  H  O  P  P  I  N  G  T  A
L  A  M  G  N  I  M  L  I  F  G  E  Y  M  H
A  T  O  G  U  I  J  G  N  I  W  E  S  W  Y
Y  H  G  Q  N  C  K  G  N  I  K  L  A  W  S
I  E  X  N  Y  I  B  A  B  I  B  O  G  K  O
N  R  G  N  I  L  W  O  B  A  L  L  E  T  R
G  I  Q  N  M  B  A  O  E  I  T  I  D  O  T
G  N  I  V  I  D  M  N  M  X  O  H  A  Q  I
G  G  I  R  R  P  P  I  D  L  I  L  I  H  N
L  G  G  L  O  E  M  F  L  I  P  P  I  N  G
I  J  N  N  D  N  C  A  V  C  N  K  C  J  G
J  Q  L  I  I  D  I  C  C  J  S  G  W  O  D
T  D  P  E  D  K  A  N  O  C  B  G  M  L  X
G  N  I  T  N  I  A  P  G  S  M  J  K  Z  W
V  R  U  F  P  N  R  R  S  U  R  F  I  N  G
```

BAKING
BALLET
BATHING
BOWLING
CAMPING
CLIMBING
DIVING
FILMING
FLIPPING

GATHERING
HAILING
IRONING
LANDING
MOWING
PADDLING
PAINTING
PLAYING
RAKING

RIDING
SEWING
SHOPPING
SOCCER
SORTING
SURFING
WALKING

Puzzle #7

ANCIENT REPTILES

solution page 126

```
D  S  W  T  S  E  R  O  V  I  B  R  E  H  Y
Z  J  T  V  O  I  R  U  S  G  X  L  L  L  L
O  D  K  E  D  U  C  E  A  T  X  B  A  M  N
R  Q  M  Q  G  M  Z  H  P  S  M  C  D  L  D
K  D  A  D  U  O  X  J  E  T  O  K  L  R  S
R  W  U  E  R  C  S  L  A  M  I  N  A  H  C
P  E  K  I  L  D  R  A  Z  I  L  L  I  Y  A
R  P  T  E  R  O  S  A  U  R  S  F  E  D  V
E  O  R  X  N  C  R  I  T  R  F  O  W  S  E
D  X  Z  T  E  K  C  Z  B  N  U  S  S  H  N
A  E  X  I  T  J  H  V  I  P  E  S  V  N  G
T  B  Y  N  O  D  O  R  T  E  M  I  D  S  E
O  O  Y  C  W  W  K  K  W  R  T  L  C  U  R
R  O  F  T  B  R  N  U  S  S  E  S  Z  N  S
S  R  U  A  S  O  I  S  E  L  P  X  B  L  A
```

ANCIENT	HERBIVORES	SCAVENGERS
ANIMALS	LIZARDLIKE	STEGOSAURUS
DIMETRODON	PLESIOSAURS	TREX
DINOSAUR	PREDATORS	
EXTINCT	PTEROSAURS	
FOSSILS	REPTILES	

Puzzle #8

BEACHES

solution page 126

```
U  L  A  H  S  E  S  S  A  L  G  N  U  S  U
N  M  M  P  S  Z  J  S  P  F  F  T  I  W  F
X  E  I  B  Q  I  P  N  O  I  X  R  S  Z  S
S  N  E  U  L  H  F  O  V  B  H  P  U  T  U
S  S  D  R  I  B  E  R  O  H  S  S  N  S  N
T  S  E  D  C  R  Z  K  A  T  C  U  B  L  B
S  H  S  A  R  S  K  E  N  T  A  N  U  J  A
L  E  G  K  G  A  N  L  U  S  S  H  R  D  T
A  L  R  Y  R  U  O  U  V  S  U  W  N  F  H
H  L  E  O  F  A  L  B  S  X  N  N  I  U  E
M  L  W  H  H  F  T  L  F  I  X  A  T  M  S
M  P  A  E  S  S  A  S  P  R  A  Y  C  A  P
Z  B  L  W  P  A  L  T  A  O  U  L  X  K  N
B  I  K  J  P  U  E  B  E  E  F  S  A  L  S
E  S  S  E  R  O  H  S  A  E  S  H  A  R  K
```

SEA	SHOREBIRDS	SUNGLASSES
SEA STAR	SNACKS	SUNSCREEN
SEAGULL	SNORKEL	SUNTAN
SEASHELL	SPRAY	SURF
SEASHORES	STARFISH	SURFBOARD
SHARK	SUN	SWIM
SHELL	SUN HAT	TAFFY
SHIP	SUNBATHE	
SHORE	SUNBURN	

Puzzle #9

Assorted Words 9

solution page 127

L	V	G	S	R	E	I	F	I	C	A	P	E	U	D
B	Y	H	N	N	Y	K	F	M	O	B	U	S	H	S
R	O	R	Q	I	A	C	Q	A	N	W	W	U	N	F
E	G	A	E	R	B	L	H	M	C	N	G	P	J	R
V	P	N	E	L	B	O	K	M	E	D	H	E	O	E
I	R	P	I	H	T	T	L	A	A	K	E	R	M	Q
T	O	T	I	L	C	U	D	A	L	M	R	M	R	U
A	N	D	D	N	L	R	C	E	S	O	M	E	E	E
L	O	P	F	L	T	E	A	Z	R	S	I	N	C	S
I	U	X	C	X	B	S	P	L	V	E	T	D	O	T
Z	N	E	R	V	E	L	E	S	S	A	P	K	P	I
E	S	S	J	H	A	G	G	L	I	N	G	P	I	N
S	M	A	H	A	R	A	J	A	V	D	L	I	E	G
Z	P	R	E	H	E	A	T	I	N	G	Q	H	D	P
C	Z	Y	L	T	N	E	I	C	I	F	O	R	P	X

ALKALOID
CLOTURE
CONCEALS
CUTLERY
DISPELLING
HAGGLING
HERMIT
LARCH

LOBING
MAHARAJA
MAMMA
NERVELESS
PACIFIERS
PEPPERED
PINTS
PREHEATING

PROFICIENTLY
PRONOUNS
RECOPIED
REQUESTING
REVITALIZES
SUPERMEN

Puzzle #10

Assorted Words 10

solution page 127

```
G  D  Y  T  I  L  I  B  A  L  O  I  V  N  I
V  S  F  S  A  M  G  O  D  E  U  Q  I  P  N
T  E  X  O  R  C  I  Z  I  N  G  A  Y  N  M
D  M  O  U  B  U  I  T  H  E  E  I  N  G  I
Z  I  K  N  O  B  A  N  C  Y  L  W  O  L  S
P  T  T  R  R  E  Y  T  J  J  N  R  I  C  F
R  R  X  A  E  Q  D  E  N  U  D  E  D  O  I
O  O  S  V  A  U  U  G  W  E  R  A  F  M  R
N  P  J  E  L  I  X  E  G  O  C  Y  C  M  E
G  I  K  L  D  V  C  L  O  B  B  E  R  E  D
H  C  U  X  X  A  H  E  C  T  O  R  I  N  G
O  A  E  Q  C  L  F  D  K  F  E  I  B  C  A
R  L  O  A  D  E  D  Z  N  A  G  B  V  I  B
N  U  Q  M  G  N  I  T  H  G  I  F  K  N  Y
S  P  N  A  M  T  C  E  L  E  S  S  K  G  Z
```

ARBOREAL
CENTAURS
CLOBBERED
COMMENCING
DENUDED
DOGMA
EQUIVALENT
EXORCIZING

FADES
FIGHTING
HECTORING
INJURY
INVIOLABILITY
LOADED
MISFIRED
PIQUED

PRONGHORNS
SELECTMAN
SEMITROPICAL
SLOWLY
THEEING
UNRAVEL

Puzzle #11

Assorted Words 11

solution page 127

```
E  I  L  N  E  G  O  N  I  C  U  L  L  A  H
E  K  A  T  E  B  T  N  E  N  I  T  R  E  P
G  D  I  P  B  R  D  E  D  I  C  A  T  E  D
R  H  C  A  O  R  B  Z  X  H  H  B  K  X  M
Y  L  K  A  E  L  B  P  E  V  I  D  N  E  A
C  U  R  D  E  D  O  R  E  Y  L  R  J  M  I
G  N  I  C  A  R  T  G  P  J  B  Y  L  U  N
H  Y  T  S  A  T  C  N  I  W  L  R  O  T  T
E  I  N  F  E  R  I  O  R  Z  A  C  U  A  E
C  O  L  L  A  B  O  R  A  T  I  O  N  T  N
K  E  M  B  O  D  I  E  D  F  N  N  D  E  A
L  R  B  H  A  R  E  L  I  P  S  I  G  D  N
E  D  E  X  T  R  A  D  I  T  I  O  N  S  C
D  N  J  C  O  N  C  I  L  I  A  T  E  D  E
F  U  I  E  Y  I  Y  R  O  T  L  U  S  E  D
```

APOLOGIZING

BETAKE

BLEAKLY

BROACH

CHILBLAINS

COLLABORATION

CONCILIATED

DEDICATED

DESULTORY

EMBODIED

ENDIVE

ERODED

EXTRADITIONS

HALLUCINOGEN

HARELIPS

HECKLED

INFERIOR

MAINTENANCE

MUTATED

PERTINENT

TASTY

TRACING

Puzzle #12

Assorted Words 12

solution page 127

```
R  E  F  R  I  G  E  R  A  N  T  S  G  M  N
T  E  D  B  B  U  M  I  N  U  T  E  M  E  N
E  A  P  E  T  A  T  I  L  I  B  A  H  E  R
R  L  R  O  I  X  L  D  E  D  E  E  N  N  U
R  W  E  K  T  F  T  C  E  L  G  E  N  F  S
A  E  S  I  M  O  I  N  J  P  T  Z  E  R  A
P  E  H  R  Y  R  S  R  E  P  P  A  L  C  L
I  P  R  E  I  F  E  I  O  M  G  A  B  F  V
N  I  I  F  T  Q  F  L  D  L  L  J  L  A  A
D  E  N  I  A  R  T  S  O  K  G  O  M  C  G
M  R  K  A  S  L  C  P  T  S  Y  S  D  I  I
D  R  E  F  U  R  B  I  S  H  I  N  G  N  N
V  Q  E  V  I  T  N  E  T  E  R  M  O  G  G
G  N  I  T  R  O  P  S  E  N  O  T  A  S  N
E  U  S  S  I  E  R  J  G  R  S  P  A  C  E
```

ATONES
CAMISOLE
CLAPPED
CLAPPERS
DOLMEN
FACINGS
GLORIFIED
ISOTOPE

MINUTEMEN
NEGLECT
PRESHRINK
REFRIGERANTS
REFURBISHING
REHABILITATE
REISSUE
RETENTIVE

SALVAGING
SPACE
SPORTING
STRAINED
TERRAPIN
UNNEEDED
WEEPIER

Puzzle #13

BEST GIFTS FOR MOTHER

solution page 128

```
E  M  M  L  I  Y  C  U  N  A  P  T  I  M  E
D  A  O  G  N  V  S  A  Y  Q  Q  U  H  L  H
N  O  F  J  Q  B  J  D  K  X  A  A  D  F  A
L  J  O  O  N  E  X  S  R  E  W  O  L  F  N
O  E  T  F  M  K  Y  T  E  A  S  E  P  H  D
A  W  T  S  E  R  I  H  J  S  C  P  E  T  M
Q  E  M  A  M  T  B  D  U  L  O  T  R  Q  A
R  L  T  F  L  J  I  C  E  H  J  R  F  C  D
C  R  F  M  N  O  W  R  T  P  W  S  U  I  E
G  Y  L  Q  K  R  C  U  O  Y  I  Z  M  V  G
H  S  P  A  D  A  Y  O  A  V  D  N  E  N  I
D  A  E  T  J  S  S  T  H  S  A  M  A  T  F
P  R  Z  D  X  B  R  E  C  C  C  F  U  M  T
M  J  A  S  V  A  C  A  T  I  O  N  P  K  B
I  J  T  N  F  F  F  O  E  M  I  T  B  G  S
```

CAKES   HANDMADE GIFT ROSES
CHOCOLATE   JEWELRY   SPA DAY
FAVORITE FOOD MANIPEDI   TIME OFF
FLOWERS   NAP TIME   VACATION
GIFT CARDS   PERFUME

17

Puzzle #14

BIRD STUFF

solution page 128

```
R  U  D  N  A  N  E  S  T  Y  E  R  P  S  O
G  V  P  K  Y  G  O  L  O  H  T  I  N  R  O
C  S  Q  K  C  M  N  I  G  H  T  H  A  W  K
L  V  M  S  V  U  E  U  T  O  R  C  H  C  Q
N  N  T  W  U  T  D  R  T  A  R  A  Y  K  K
E  I  P  G  A  M  N  D  G  H  R  I  P  Z  B
N  G  T  V  K  C  O  N  R  A  A  G  O  Q  I
I  H  A  R  S  C  A  N  E  A  N  T  I  L  Q
G  T  P  B  A  E  P  M  I  S  L  S  C  M  E
H  I  F  N  C  M  T  R  M  O  T  L  E  H  M
T  N  P  D  F  M  E  A  D  O  W  L  A  R  K
J  G  E  N  E  N  G  K  R  M  A  L  I  M  X
A  A  O  S  T  R  I  C  H  G  J  G  R  N  N
R  L  M  O  C  K  I  N  G  B  I  R  D  K  G
R  E  K  C  A  R  C  T  U  N  J  M  D  K  S
```

MACAW	MOCKINGBIRD	NUTHATCH
MAGPIE	NANDU	ORIOLE
MALLARD DUCK	NENE	ORNITHOLOGY
MARTIN	NEST	OSPREY
MEADOWLARK	NESTLING	OSTRICH
MERGANSER	NIGHTHAWK	OWL
MIGRATE	NIGHTINGALE	
MIGRATION	NIGHTJAR	
MOA	NUTCRACKER	

Puzzle #15

CAR STUFF

solution page 128

```
N  R  R  L  Y  I  G  P  P  G  O  G  I  T  E
P  O  E  O  Z  G  S  D  O  R  T  O  H  Y  L
S  O  S  T  O  Y  G  A  U  T  O  J  Q  N  E
H  E  T  J  S  D  N  U  G  H  H  Y  H  P  C
A  G  L  D  B  G  R  R  B  X  S  T  F  Q  T
T  A  I  I  R  C  A  U  A  N  V  S  O  C  R
C  S  M  J  B  A  O  R  O  C  D  A  U  L  I
H  E  O  F  E  O  H  U  D  F  D  G  R  O  C
B  L  U  O  G  E  M  C  P  Y  V  K  W  W  C
A  E  S  L  M  A  V  O  J  E  E  P  H  R  A
C  C  I  W  L  I  Y  M  T  Q  N  U  E  I  R
K  T  N  N  Q  Z  L  P  U  U  V  Z  E  D  J
L  R  E  S  E  S  R  A  E  H  A  B  L  E  B
D  I  R  B  Y  H  M  C  R  U  I  S  E  R  F
M  C  O  N  V  E  R  T  I  B  L  E  P  U  S
```

AUTO
AUTOMOBILE
BUGGY
CAR
CLOTHTOP
COMPACT
CONVERTIBLE

COUPE
CRUISER

DRAGSTER
ELECTRIC CAR
FOUR DOOR
FOUR WHEEL
GAS
GAS ELECTRIC
HARD TOP

HATCHBACK
HEARSE

HOT ROD
HUMVEE
HYBRID
JEEP
LIMO
LIMOUSINE
LOW
RIDER

Puzzle #**16**

CHICKS AND DUCKS

solution page 128

```
J  J  L  I  H  C  T  U  L  C  U  R  L  E  W
Q  B  G  Y  G  H  Y  I  G  H  F  E  X  D  Q
O  A  L  E  E  D  A  K  C  I  H  C  R  A  Q
N  O  E  E  E  V  D  D  S  C  T  E  W  R  L
D  V  K  H  I  S  O  I  R  K  A  S  O  T  E
C  Y  C  C  R  T  O  C  N  I  W  N  E  E  O
Q  R  R  O  U  N  A  O  D  O  B  H  A  R  A
C  E  O  A  R  C  O  K  G  R  R  W  U  R  C
O  R  N  S  W  M  N  M  C  A  I  N  O  A  Y
C  R  E  A  S  O  O  E  M  O  D  B  I  C  N
K  X  Q  E  R  B  S  R  K  O  C  A  T  S  W
A  D  C  T  P  C  I  S  A  C  C  W  N  A  F
T  F  R  G  O  E  Y  L  A  N  I  D  R  A  C
O  D  O  V  E  O  R  E  L  C  T  H  C  M  C
O  V  W  E  M  Q  C  V  O  U  X  R  C  I  Z
```

CANADA GOOSE	COCKATIEL	CREST
CANARY	COCKATOO	CROSSBILL
CARDINAL	COMMON RHEA	CROW
CASSOWARY	COOT	CUCKOO
CATBIRD	CORMORANT	CURLEW
CHICK	COVEY	DARTER
CHICKADEE	COWBIRD	DINORNIS
CHICKEN	CRANE	DOVE
CLUTCH	CREEPER	

Puzzle #17

Assorted Words 17

solution page 129

```
T  G  K  K  D  E  B  A  T  E  R  D  O  L  H
B  U  N  S  R  E  L  D  D  E  P  B  K  B  I
D  E  M  I  S  R  E  V  O  H  S  U  P  J  R
O  E  D  W  N  M  S  I  T  O  P  S  E  D  R
R  Y  R  I  F  N  W  S  X  H  Y  K  N  T  I
T  O  K  O  C  E  I  A  K  E  Y  S  J  B  T
P  S  T  G  B  O  I  B  E  L  C  H  E  D  A
M  I  E  A  N  R  N  L  R  L  O  O  S  B  T
B  R  H  N  R  I  A  E  E  S  R  V  W  G  I
O  P  F  I  A  I  T  H  G  R  D  E  O  D  N
S  I  D  S  E  M  P  R  X  F  U  L  O  N  G
S  E  M  A  N  R  U  S  A  Z  R  L  P  N  L
V  S  L  R  O  H  W  H  N  C  O  E  I  P  Y
F  O  O  T  R  E  S  T  S  O  Y  D  N  U  Q
S  E  R  O  C  S  R  U  O  F  C  E  G  J  P
```

ADVISABLE
BELCHED
BINNING
CARTING
CONSPIRATOR
CORDUROY
DEBATER
DESPOTISM

FOOTRESTS
FOURSCORE
GENOCIDE
HARBORED
HELLS
HUMANEST
IRRITATINGLY
PEDDLERS

PUSHOVERS
RELIEF
SHOVELLED
SURNAMES
SWOOPING
WHORLS

21

Puzzle #**18**

Assorted Words **18**

solution page 129

```
P  S  A  D  I  A  G  N  O  S  I  S  P  X  C
Q  W  P  M  O  U  N  D  I  N  G  T  P  T  I
F  R  E  E  H  O  L  D  E  R  Z  O  B  I  R
S  S  B  A  R  I  N  D  E  F  I  N  I  T  E
E  E  R  U  V  O  T  E  E  C  T  E  V  V  S
P  T  N  A  C  I  G  F  G  D  A  P  V  E  H
S  A  A  A  R  M  O  E  U  E  D  L  S  I  O
E  W  L  R  L  T  A  N  N  N  X  A  P  N  U
C  Y  H  L  U  P  S  S  I  O  E  C  P  I  T
R  Q  H  F  O  C  I  I  T  C  U  R  L  N  I
E  L  T  F  S  Y  Q  B  G  E  S  S  E  G  N
T  N  L  U  T  H  S  L  O  E  R  T  H  A  G
E  N  L  I  G  H  T  E  N  M  R  Y  Z  N  L
R  D  E  R  E  T  T  O  L  P  S  V  K  G  L
E  E  M  B  E  L  L  I  S  H  M  E  N  T  G
```

ALLOYS
AVIONICS
BIPLANES
CURATE
DEFENSIBLE
DIAGNOSIS
EMBELLISHMENT
ENLIGHTEN

EROGENOUS
FREEHOLDER
FUNEREAL
INDEFINITE
MASTERY
MOUNDING
PADDED
PLACE

PLOTTERED
REGISTRARS
SECRETER
SHOUTING
VEINING

Puzzle # **19**

Assorted Words **19**

solution page 129

```
C  A  V  E  A  T  J  H  W  H  E  E  Z  E  N
B  Y  E  D  G  Y  N  O  S  E  T  S  A  B  O
N  F  M  V  G  N  L  E  Y  O  P  T  L  O  M
Y  O  N  O  I  N  I  L  M  R  D  S  C  G  I
F  O  M  G  V  T  I  N  A  N  O  A  D  G  N
D  I  P  L  O  M  A  T  I  C  R  D  D  I  A
W  O  U  A  V  O  E  R  N  A  S  E  N  T
C  X  D  P  L  P  F  I  T  A  R  A  T  G  E
R  E  I  Z  Z  U  C  S  M  S  L  D  R  N  S
G  N  I  R  I  F  S  I  M  X  N  P  N  S  I
H  N  Z  C  O  N  D  U  C  E  D  O  M  G  E
Z  V  I  V  E  L  B  A  P  L  A  P  M  I  E
K  V  C  Y  P  L  A  N  T  I  N  G  S  E  V
H  E  N  C  L  S  U  Q  N  O  N  S  K  I  D
J  Q  G  S  U  O  I  R  B  O  R  P  P  O  C
```

BASTES
BOGGING
CAVEAT
CONDUCED
DADOS
DEMONSTRATIVE
DIPLOMATIC
DRAINING

GOOFS
IMPALPABLE
IMPLANTING
INTERNMENT
JOYRODE
LYING
MISFIRING
NOMINATES

NONSKID
OPPROBRIOUS
PLANTINGS
RASCALLY
SCUZZIER
WHEEZE

Puzzle #20

Assorted Words 20

solution page 129

```
F  M  A  S  H  E  R  S  T  F  I  L  P  U  R
B  N  P  T  S  V  T  G  B  Z  I  X  F  H  O
N  W  T  P  R  S  K  A  N  U  O  N  R  F  F
S  G  G  E  O  M  E  T  R  I  E  S  O  V  N
R  P  L  S  R  T  S  I  S  O  K  P  T  G  G
E  R  S  P  E  O  S  P  R  I  I  N  H  Y  J
A  O  E  L  T  I  V  E  U  R  R  L  I  T  E
W  R  S  A  R  G  N  I  K  R  A  A  E  L  O
A  A  S  N  S  P  N  A  B  C  T  M  S  M  S
K  T  I  E  J  G  I  I  P  R  I  E  T  I  A
E  I  O  D  D  D  N  Q  T  M  E  U  D  N  R
N  N  N  A  D  B  B  U  U  R  O  H  Q  C  M
E  G  E  L  I  V  I  R  P  E  O  C  I  E  O
D  V  N  O  I  T  A  N  G  I  D  N  I  Q  R
M  A  R  K  S  M  A  N  S  H  I  P  S  E  S
```

AMELIORATE	MARRIES	REAWAKENED
ARMORS	MASHERS	SARIS
COMPANIES	MINCE	SESSION
FROTHIEST	PIQUED	SLINKING
GEOMETRIES	PLANED	SNORTING
HERBIVORE	PRIVILEGE	SPURTED
INDIGNATION	PRORATING	UPLIFTS
MARKSMANSHIP	QUICKEST	

24

Puzzle #**21**

FEATHERED FRIENDS

solution page 130

```
N O E G I P K C O R D G L P Y
P K M X M R E P I N T A I L U
C T E E K A R A P N E B G O M
L W A G A E H R F E C V T V L
A L P R D U V R A O A L A E Z
P R I W M I Y O O I W C R R R
H Y E B M I R T D O L L O D O
S C G P R Z G T G K K T O C O
P M L M E O B A R N C X S V K
X I G E Y L Z N N A I O T S E
R M G J R O I A I R P W R R R
G Z L E L T W C R F O M D O Y
Y A G H O N E L A S F B X E S
U Q G O G N Y P E N G U I N R
R O A D R U N N E R B Y P N K
```

PARAKEET
PARROT
PARTRIDGE
PEACOCK
PEAFOWL

PELICAN
PENGUIN
PETREL
PIGEON

PINTAIL
PLOVER
PTARMIGAN
PUFFIN
PYGMY OWL

RAIL
RAVEN
RAZORBILL
REDWING

RHEA
ROADRUNNER
ROBIN
ROCK DOVE
ROCK PIGEON

ROOK
ROOKERY
ROOST

25

Puzzle # 22

FEATHERS AND WINGS

solution page 130

```
F  T  W  N  F  C  W  H  I  T  E  D  O  V  E
Q  H  A  S  R  N  J  J  O  U  A  M  B  W  J
W  R  T  N  G  E  O  S  E  E  D  Q  I  T  V
H  A  E  D  A  X  T  J  K  S  R  C  Y  U  I
I  S  R  Z  V  G  W  E  U  C  P  I  J  R  P
P  H  T  E  S  U  E  U  Y  W  K  O  V  T  F
P  E  H  E  L  T  H  R  U  S  H  F  N  L  L
O  R  R  O  F  B  S  V  U  L  T  U  R  E  F
O  R  U  Y  N  E  R  W  C  C  F  N  G  D  X
R  M  S  V  E  U  S  A  Y  T  Y  W  B  O  T
W  B  H  I  M  K  Z  L  W  U  E  J  E  V  V
I  I  P  V  Q  E  R  M  I  L  G  P  U  E  K
L  Q  N  S  Q  T  O  U  C  A  N  K  O  P  E
L  J  L  G  I  Q  V  T  T  P  T  H  X  X  M
J  U  Z  V  G  N  I  W  X  A  W  K  D  G  A
```

TAIL
TANAGER
TERN
THRASHER
THRUSH
TOUCAN
TURKEY
TURTLE DOVE

VIREO
VULTURE
WARBLER
WATERTHRUSH
WAXWING
WHIPPOORWILL
WHITE DOVE
WING

WREN
XENOPS

26

Puzzle 23

FISH

solution page 130

```
S  K  K  L  S  T  I  N  G  R  A  Y  Z  G  J
W  E  R  N  K  N  L  O  H  S  I  F  N  U  S
O  F  S  A  O  H  O  E  S  R  O  H  A  E  S
R  N  V  N  H  E  S  P  M  S  Y  L  N  W  T
D  C  I  Y  A  S  G  I  R  S  A  N  E  L  I
F  Q  E  P  Y  P  D  R  F  A  E  B  D  Q  G
I  H  H  T  L  M  P  A  U  W  T  Y  A  O  E
S  V  S  J  A  U  H  E  H  T  A  R  X  E  R
H  H  S  I  F  K  C  O  R  S  S  S  A  S  S
M  V  C  B  F  O  S  S  A  R  O  M  E  R  H
V  D  Y  Q  G  L  T  A  Y  H  G  U  O  R  A
A  O  V  Z  E  N  I  D  R  A  S  Q  S  O  R
U  T  F  Y  N  O  G  A  R  D  A  E  S  X  K
G  C  D  N  O  M  L  A  S  T  E  T  R  A  C
R  E  A  H  S  I  F  L  L  I  U  Q  Z  L  L
```

QUILLFISH
RAY
REMORA
ROCKFISH
ROUGHY
SAILFISH
SALMON

SARDINE
SAWFISH

SCULPIN
SEA BASS
SEADRAGON
SEAHORSE
SHADSHARK
SKATE
SMELT

SNAPPER
SOLE

STINGRAY
STURGEON
SUNFISH
SWORDFISH
TARPON
TETRA

TIGER
SHARK

27

Puzzle # **24**

FOOD FAVORITES

solution page 130

```
X  J  U  X  E  I  V  E  N  Z  A  I  V  N  Z
D  R  B  Y  E  L  C  L  I  E  C  I  D  O  Y
W  Q  A  E  W  I  O  V  S  H  K  K  W  I  B
R  C  N  E  E  T  P  M  M  E  T  C  V  Z  U
Q  I  A  O  P  F  E  T  A  T  L  O  I  B  C
M  N  N  V  C  I  U  F  O  C  D  F  O  H  X
A  N  A  Q  I  A  R  I  F  P  A  A  F  M  C
R  A  Z  H  H  A  B  L  T  U  O  U  E  A  S
I  M  L  O  X  R  R  P  E  D  B  R  G  R  W
N  O  F  L  P  A  D  O  S  G  N  I  K  A  B
A  N  M  R  I  H  M  U  G  S  A  V  Q  Z  X
D  A  R  O  U  N  W  D  J  B  O  B  P  F  T
E  L  V  L  Z  I  A  Q  E  W  Y  E  N  A  N
K  T  W  L  G  E  T  V  Q  K  F  G  F  Z  S
K  I  H  S  U  S  S  D  Z  H  U  C  X  S  W
```

BACON

BAGEL

BAKING SODA

BANANA

BEEF

BLT

BREAD

BUFFET

CAVIAR

CHICKEN

CINNAMON

FRUIT

GUACAMOLE

MARINADE

PEAR

PORK

POT PIE

ROLLS

SMOOTHIE

SUSHI

VANILLA

WAFFLES

Puzzle # 25

Assorted Words 25

solution page 131

```
D  A  G  U  C  E  K  I  C  K  Y  U  N  O  H
G  E  W  D  I  V  I  N  I  T  Y  P  K  V  A
M  N  T  D  E  S  P  A  I  R  S  L  M  S  R
G  B  E  N  D  S  T  S  U  G  S  I  D  G  V
E  H  O  T  A  G  S  F  K  G  D  F  Z  A  E
D  X  D  N  A  V  N  O  O  K  R  T  B  W  S
C  E  C  U  P  E  I  I  B  E  J  E  W  K  T
I  K  T  I  S  S  B  L  L  M  T  D  V  I  E
M  F  R  A  S  G  R  P  L  L  I  A  R  E  D
Y  Q  T  K  T  I  O  E  P  A  E  L  L  R  P
H  H  Q  G  S  S  N  L  U  O  G  M  C  I  H
E  H  T  E  E  T  A  G  A  Q  C  N  M  V  P
S  C  A  L  P  M  P  V  W  T  N  D  U  U  B
O  K  S  R  E  U  C  S  E  R  A  O  F  K  P
D  O  V  E  R  S  P  E  N  D  S  C  C  A  G
```

BEATEN
BENDS
BOSSED
CATALOGS
CLIMB
CONQUERS
DERAIL
DESPAIRS

DEVASTATED
DISGUSTS
DIVINITY
EXCISING
FOETAL
GALLIVANTED
GAWKIER
HARVESTED

KICKY
OVERSPENDS
PUMMELLING
RESCUERS
SCALP
TEETHE
UPLIFTED

Puzzle # 26

Assorted Words 26

solution page 131

```
K  B  E  E  L  I  N  E  D  S  E  V  I  A  W
N  P  O  S  C  F  N  D  E  D  C  D  R  D  W
Y  J  L  M  E  H  E  D  E  V  O  L  A  D  O
G  N  I  M  O  S  E  B  B  G  S  V  W  I  M
U  E  N  N  E  R  I  C  R  N  R  D  I  A  E
R  W  K  T  D  N  T  R  K  I  Q  O  D  G  N
I  E  U  E  S  E  E  A  P  L  N  T  G  O  S
J  R  P  E  H  E  T  V  R  M  I  Y  J  N  W
L  S  O  O  L  G  I  A  N  B  O  S  H  A  E
J  O  S  T  L  E  S  V  V  O  O  C  T  L  A
W  W  R  E  M  I  T  Q  O  R  C  A  Y  S  R
W  H  I  M  S  I  C  A  L  O  E  E  R  I  D
B  Q  D  F  R  E  F  I  N  E  R  N  R  D  K
N  X  Z  Q  F  U  S  S  B  U  D  G  E  T  S
G  G  N  I  T  A  P  I  S  S  I  D  V  M  Z
```

BEELINED
BESOMING
BRINY
CHECKLISTS
COMPRISES
DIAGONALS
DISSIPATING
ENERVATED

ENGORGED
FUSSBUDGET
GROOVIEST
IGLOOS
JOSTLES
LINKUP
LOVED
MENSWEAR

MORTARBOARDS
NEWER
RECONVENE
REFINER
REMIT
WAIVES
WHIMSICAL

30

Puzzle # 27

Assorted Words 27

solution page 131

```
I  S  H  R  U  B  B  E  R  Y  F  V  N  T  V
F  U  N  N  E  L  E  D  M  L  U  C  I  D  E
D  Y  S  T  U  L  V  N  D  U  Q  E  M  L  R
O  A  Y  H  N  G  L  O  T  E  S  R  L  U  I
G  K  W  S  I  E  N  U  L  S  I  B  H  Z  T
G  I  F  N  T  N  G  I  F  L  R  R  U  T  I
O  N  B  Y  E  N  G  N  R  R  E  U  R  S  E
N  G  D  B  Z  D  E  L  A  E  A  Y  C  E  S
E  F  A  E  P  D  H  D  I  T  D  E  E  S  F
R  I  P  I  S  H  O  N  N  N  Y  N  F  D  H
G  S  I  E  I  O  S  I  O  E  G  R  U  O  B
A  H  R  U  I  P  P  B  O  B  C  A  T  S  T
S  E  O  R  Y  T  B  X  G  O  O  S  I  N  G
Q  R  S  E  V  I  T  N  E  C  N  I  A  N  L
T  A  R  I  N  G  S  A  L  L  I  T  N  A  M
```

ASCENDENTS	FERRIED	SHRUBBERY
BOBCATS	FUNNELED	SUBSUME
BOURGEOIS	GOOSING	SUNDERING
CURST	INCENTIVES	TANGENT
DAWNED	KINGFISHER	TARING
DOGGONER	LUCID	TYROES
EXPOSED	MANTILLAS	VERITIES
FEARFULLER	SHINGLING	VOLLEYED

Puzzle # **28**

Assorted Words **28**

solution page 131

```
P U S O U N D P R O O F E D T
O K K V D J S E I T E F A S E
L H H D I C J P T H K R V A U
B L U E B O T T L E S L I Q H
H O Q J T M V T I U K Y J Z E
E S T Z E F H U M D G R Y U M
C K Q S S Y T E Q U I L A S O
T P N O I T A N I M R E G M R
O R S T S I R U J M Y P B S R
R O Y L I N T E L Z V I O A H
I F L O E T T O R R A G W P O
N F M I K H K X O V P G H P I
G E N D E R S H E Q O I P I D
K R V Y A N M U L A R S F E M
R O O T L E S S B V O H Z R Z
```

ALUMNA
BLUEBOTTLES
BUSHELS
COMFY
GARROTTE
GENDERS
GERMINATION
GULPS

HECTORING
HEMORRHOID
JURISTS
LINTEL
MARKETED
PIGGISH
PROFFER
ROOTLESS

SAFETIES
SAPPIER
SOUNDPROOFED
TEQUILAS
VAPOR

Across
1. cause to move forward with force
2. wearing or provided with clothing
3. approve and express assent responsibility or obligation
4. artificially formal
5. set forth authoritatively as obligatory
6. recklessly wasteful
7. an action of an armed force that surrounds a fortified place
8. take place or happen afterward or as a result

Down
9. not showy or obtrusive
10. a system of body parts that serves some specialized purpose
11. press tightly together or cram
12. a dissenting clique
13. attack someone physically or emotionally
14. agree or express agreement
15. a strong wind moving 3440 knots
16. marked by prudence or modesty and wise self-restraint
17. an instrumentality invented for a particular purpose

Across
1. an assembly to conduct judicial business
2. yield to another's wish or opinion
3. severely simple

Down
4. contrary to your interests or welfare
5. returning to health after illness or debility
6. based on or subject to individual discretion or preference

Across
1. not of prime or central importance
2. fall away or decline
3. obtain by coercion or intimidation
4. insincere talk about religion or morals

Down
5. a structure that has a roof and walls
6. incapable of failure or error
7. an artistic device or effect
8. a courteous expression of esteem or regard
9. insignificantly small a matter of form only
10. leave slowly and hesitantly
11. extreme greed for material wealth
12. cancel officially

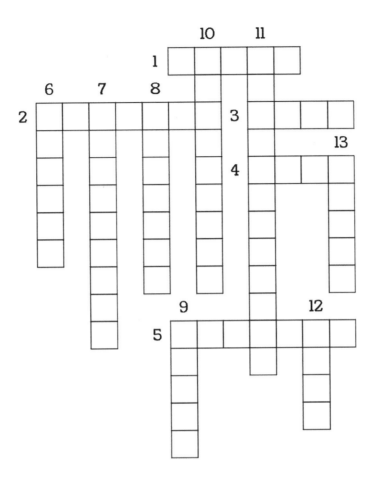

Across
1. a saying that is widely accepted on its own merits
2. a superior skill learned by study and practice
3. advertise in strongly positive terms
4. tear or be torn violently
5. steal goods take as spoils

Down
6. functional equality
7. area relatively far from the center as of a city or town
8. choose and follow a theory idea policy etc.
9. examine thoroughly and in great depth
10. marked by care and persistent effort
11. tiresomely long seemingly without end
12. prepare oneself for action or a confrontation
13. do something that one considers to be below one's dignity

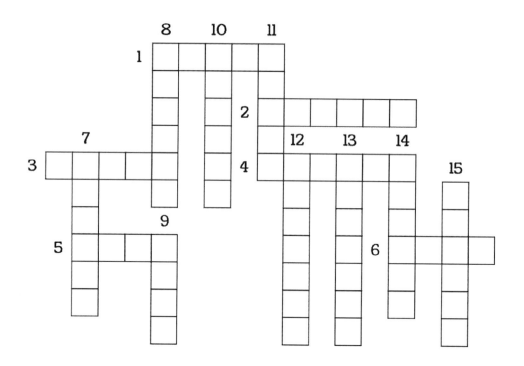

Across
1. do without or cease to hold or adhere to
2. the state of being under the control of another person
3. a small natural hill
4. a manner lacking seriousness
5. be full of or abuzz with
6. a person's appearance manner or demeanor

Down
7. disturb especially by minor irritations
8. sing or play with trills
9. a slight but appreciable amount
10. occupy in large numbers or live on a host
11. praise glorify or honor
12. make amends for
13. a force that makes something happen
14. a free man who cultivates his own land
15. be in an agitated emotional state

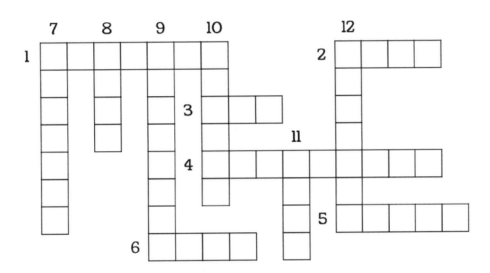

Across
1. adornment consisting of a small piece of shiny material
2. characterized by a lightly saucy or impudent quality
3. showing marked and often playful evasiveness or reluctance
4. inferior in rank or status
5. give qualities or abilities to
6. having only superficial plausibility

Down
7. conspicuous prominent or important
8. assist or encourage usually in some wrongdoing
9. petty or reluctant in giving or spending
10. remove by cutting
11. an elaborate song for solo voice
12. speak about unimportant matters rapidly and incessantly

Across
1. a downward slope or bend
2. make an effort or attempt
3. with suspicion or disapproval
4. an abatement in intensity or degree
5. lacking in insight or discernment
6. a small recess opening off a larger room
7. complain
8. an interest followed with exaggerated zeal
9. a deceptive maneuver especially to avoid capture

Down
10. stubbornly resistant to authority or control
11. done or made using whatever is available
12. sediment that has settled at the bottom of a liquid
13. unaffected by strong emotion or prejudice
14. the mental attitude that something is believable
15. an unexpected and inexplicable change in something

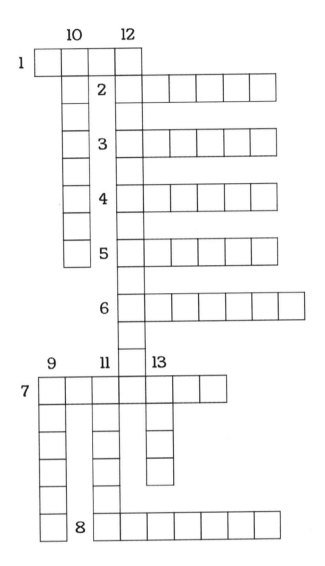

Across
1. make jokes or witty remarks
2. a feeling of deep and bitter anger and ill-will
3. clouded as with sediment
4. express discontent
5. command solemnly
6. excessive but superficial compliments with affected charm
7. habitually disposed to disobedience and opposition
8. unrestrained merrymaking

Down
9. wait in hiding to attack
10. not in keeping with accepted standards of what is proper
11. a small storeroom for storing foods or wines
12. surpassing the ordinary or normal
13. strip the skin off

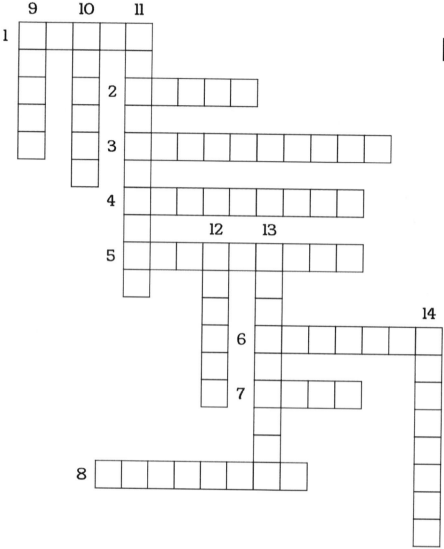

Across
1. swindle obtain by coercion
2. repeated too often overfamiliar through overuse
3. a person who is unsatisfied or disgusted
4. a dissolute person
5. elegance by virtue of fineness of manner and expression
6. not varying
7. of no legal significance as having been previously decided
8. the words of an opera or musical play

Down
9. a thin porridge
10. a phenomenon that is caused by some previous phenomenon
11. the branch of zoology that studies insects
12. tastelessly showy
13. the characteristic parts of a person's face
14. fix firmly

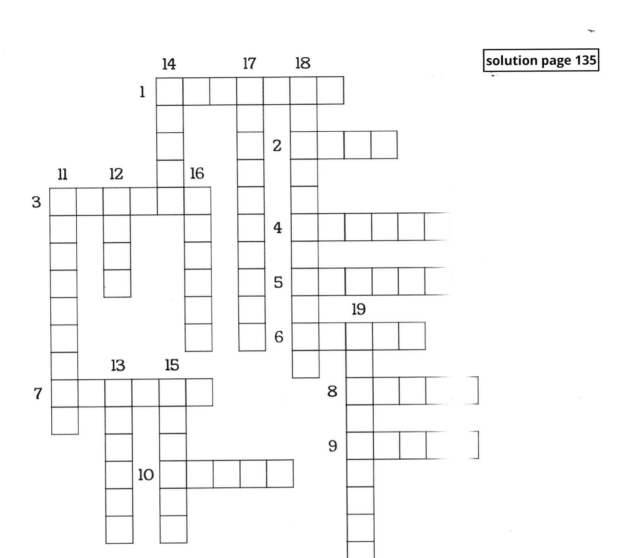

Across
1. of an obscure nature
2. a laborer who is obliged to do menial work
3. pitching dangerously to one side
4. easily excused or forgiven
5. a gabled extension built out from a sloping roof
6. marked by up-to-dateness in dress and manners
7. raise in a relief
8. make corrections to
9. cheat or trick
10. concise and full of meaning

Down
11. marked by changeable fortune
12. disturb especially by minor irritations
13. cheap showy jewelry or ornament
14. an ugly evil-looking woman
15. smile in an insincere unnatural or coy way
16. a subtle difference in meaning or opinion or attitude
17. showing little emotion
18. not supplying something useful for the future
19. having keenness and forcefulness and penetration in thought

43

Across

1. enter upon an activity or enterprise
2. unproductive of success
3. a person of noble birth trained to arms and chivalry
4. characterized by a firm humorless belief in one's opinions
5. think moodily or anxiously about something
6. a variety of different things or activities
7. the geographical area under the jurisdiction of a state
8. set up or found

Down

9. an extended fictional work in prose
10. bring into existence
11. without qualification
12. some situation or event that is thought about
13. annoy continually or chronically
14. clearly revealed to the mind or the senses or judgment
15. consume all of one's attention or time
16. a relative position or degree of value in a graded group

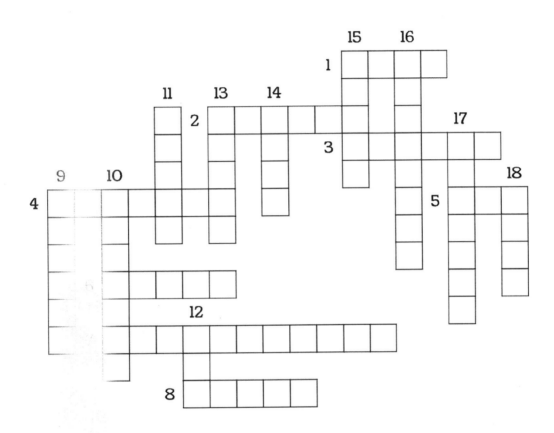

Across
1. work ha...
2. a legally ...ng command or decision
3. report o... ...tain
4. come do... ...or keep down by unjust use ...'s authority
5. naturall... ...sed toward
6. relative... ...ude
7. real hav... ...aterial or factual existence
8. talk abo... ...elf with excessive pride or se... ...rd

Down
9. invest with ministerial or priestly authority
10. continue to exist
11. having a sharp inclination
12. weep convulsively
13. permitting little if any light to pass through
14. relinquish possession or control over
15. a step in walking or running
16. at an angle to the horizontal or vertical position
17. the force of attraction between all masses in the universe
18. the periodic rise and fall of the sea level

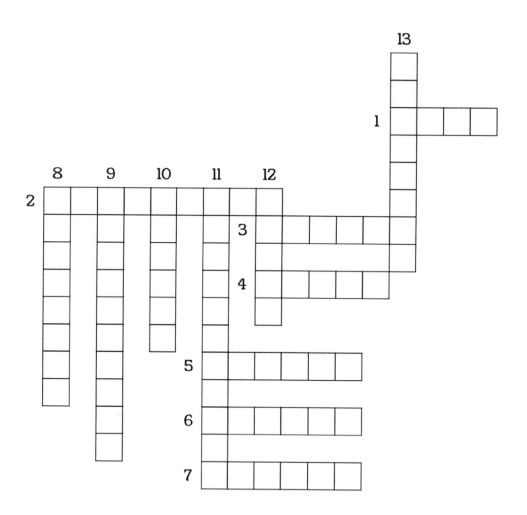

Across
1. kill intentionally and with premeditation
2. in opposition to a civil authority or government
3. stir up so as to form small waves
4. a collection of books accepted as holy scripture
5. attack someone physically or emotionally
6. agree or express agreement
7. press tightly together or cram

Down
8. impressive in appearance
9. having ethical or moral principles
10. an act or expression of criticism and censure
11. recklessly wasteful
12. a system of body parts that serves some specialized purpose
13. marked by prudence or modesty and wise self-restraint

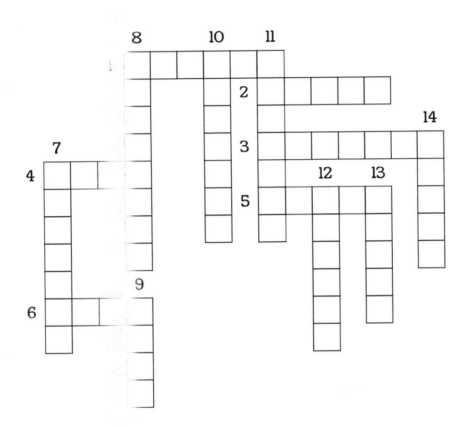

Across
1. not established by conditioning or learning
2. an unbroken period of time during which you do something
3. thrust oneself in as if by force
4. a sudden numbing dread
5. characterized by dignity and propriety
6. an overwhelming defeat

Down
7. have the often misleading appearance of being or intending
8. an orientation that characterizes the thinking of a group
9. advertise in strongly positive terms
10. diffusing warmth and friendliness
11. choose and follow a theory idea policy etc.
12. make reference to
13. do something that one considers to be below one's dignity
14. become ground down or deteriorate

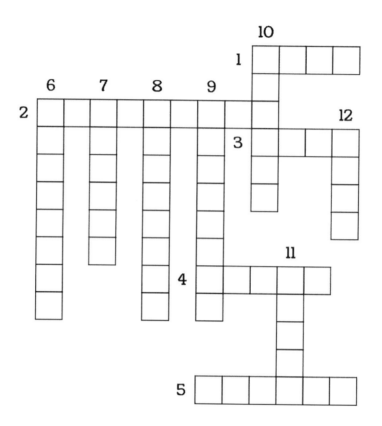

Across
1. a quarrel about petty points
2. make subservient force to submit or subdue
3. be full of or abuzz with
4. praise glorify or honor
5. disturb especially by minor irritations

Down
6. full and loud and deep
7. turn pale as if in fear
8. out of the ordinary
9. kindly endorsement and guidance
10. be in an agitated emotional state
11. the beginning or early stages
12. a person's appearance manner or demeanor

Across
1. a person authorized to act for another
2. assist or encourage usually in some wrongdoing
3. uncertain how to act or proceed
4. remove by cutting
5. give qualities or abilities to
6. based on sound reasoning or evidence

Down
7. take in liquids
8. someone who rebels and becomes an outlaw
9. conspicuous prominent or important
10. make dirty or spotty
11. speak about unimportant matters rapidly and incessantly
12. showing marked and often playful evasiveness or reluctance
13. assistance in time of difficulty

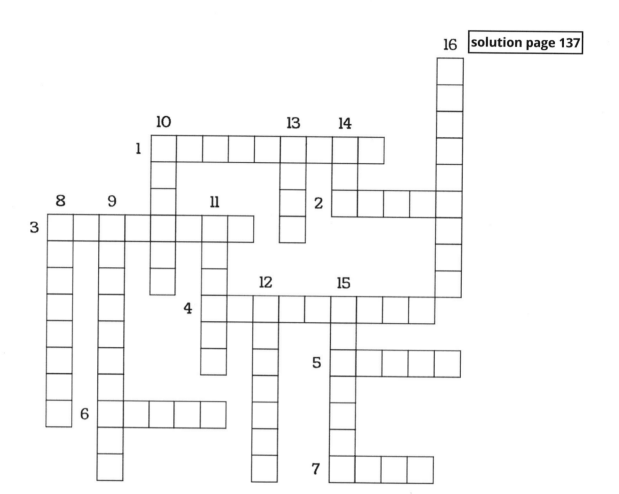

Across

1. done or made using whatever is available
2. sediment that has settled at the bottom of a liquid
3. resembling or characteristic of a phantom
4. everyone being of one mind
5. cause to feel shame
6. make an effort or attempt
7. a deceptive maneuver especially to avoid capture

Down

8. a sheath for a sword or dagger or bayonet
9. greatly exceeding bounds of reason or moderation
10. the courage to carry on
11. formally reject or disavow a formerly held belief
12. with suspicion or disapproval
13. exhibiting or restored to vigorous good health
14. an interest followed with exaggerated zeal
15. move or cause to move in a winding or curving course
16. an abatement in intensity or degree

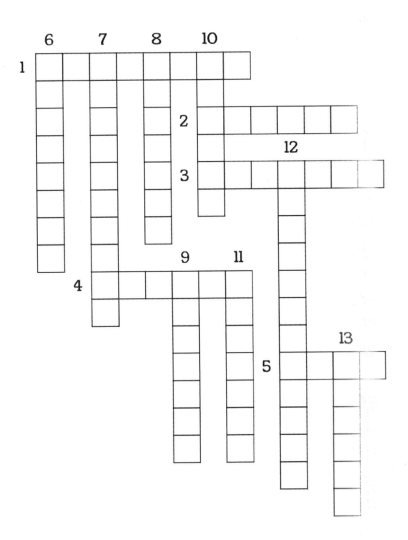

Across
1. operate or make run by machines rather than human action
2. express discontent
3. unrighteousness by virtue of lacking respect for a god
4. a feeling of deep and bitter anger and ill-will
5. the central meaning or theme of a speech or literary work

Down
6. not faithful to religion or party or cause
7. thin and tattered with age
8. found in the ordinary course of events
9. loud and clear
10. clouded as with sediment
11. unrestrained merrymaking
12. impervious to correction by punishment
13. a learned person

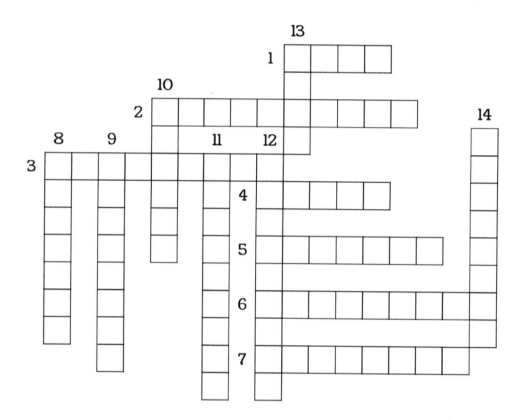

Across
1. a tiny piece of anything
2. the branch of zoology that studies insects
3. unequivocally detestable
4. swindle obtain by coercion
5. force into some kind of situation or course of action
6. severe of weather
7. lying beyond what is openly revealed or avowed

Down
8. not varying
9. decorate with heraldic arms
10. straying from the right course or from accepted standards
11. lacking enlightenment or knowledge or culture
12. conspicuously and outrageously bad or reprehensible
13. of no legal significance as having been previously decided
14. the words of an opera or musical play

don't forget
why you
came here :)

Across
1. liable to sudden unpredictable change
2. a small number or amount
3. of something having a dusty purplish pink color
4. of such excellence as to suggest inspiration by the gods
5. a medicine that induces nausea and vomiting

Down
6. mark with stripes of contrasting color
7. acidic or bitter in taste or smell
8. draw out a discussion or process in order to gain time
9. a deposit of valuable ore
10. seize and take control without authority
11. a large number or amount or extent
12. having unnatural behavioral attributes
13. the highest level or degree attainable
14. attract
15. attention and management implying responsibility for safety

Across
1. permitting little if any light to pass through
2. compete for something
3. reveal its presence or make an appearance
4. report or maintain
5. make a great effort at a mental or physical task
6. pay close attention to

Down
7. how something is done or how it happens
8. a general inclusive concept
9. a rectangular piece of cloth of distinctive design
10. a legally binding command or decision
11. relative magnitude
12. the condition of being honored
13. the periodic rise and fall of the sea level
14. demonstrating ability to recognize or draw fine distinctions

Across
1. approve and express assent responsibility or obligation
2. a system of body parts that serves some specialized purpose
3. the goal intended to be attained
4. a natural stream of water smaller than a river
5. kill intentionally and with premeditation
6. agree or express agreement

Down
7. an act or expression of criticism and censure
8. press tightly together or cram
9. come to understand
10. run away
11. furnish with a capital fund
12. widely known and esteemed
13. ask for or request earnestly

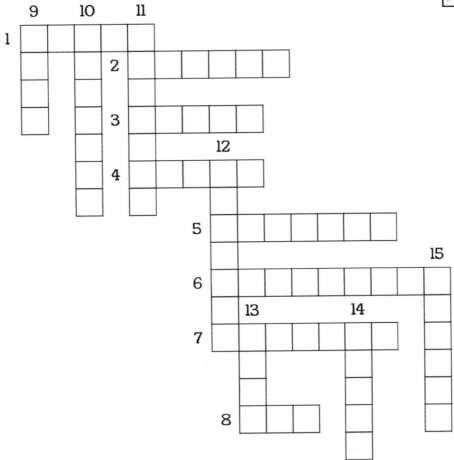

Across
1. lacking stimulating characteristics uninteresting
2. give instructions to or direct somebody to do something
3. state of disgrace resulting from detestable behavior
4. seize and take control without authority
5. insignificantly small a matter of form only
6. suggest in an indirect or covert way give to understand
7. work hard to come to terms with or deal with something
8. fall away or decline

Down
9. moderate or restrain lessen the force of
10. cause to be more favorably inclined gain the good will of
11. propriety in manners and conduct
12. wandering freely
13. praise enthusiastically
14. strongly opposed
15. obtain by coercion or intimidation

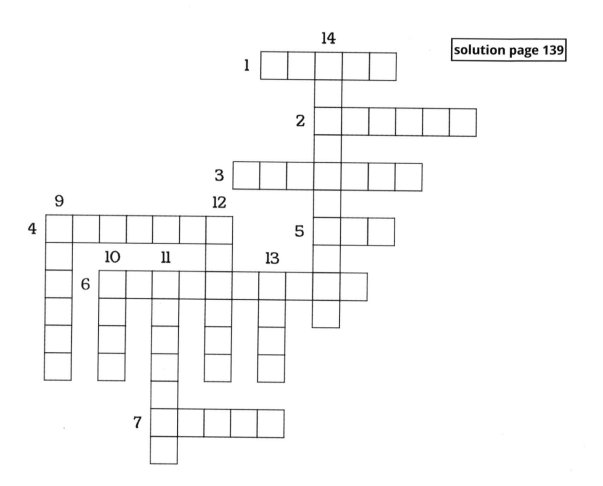

Across

1. lessen the intensity of or calm
2. a person holding a fief
3. steal goods take as spoils
4. a superior skill learned by study and practice
5. make or shape as with an axe
6. a prediction made by extrapolating from past observations
7. thickly covered with ingrained dirt or soot

Down

8. a sudden numbing dread
9. lacking in vitality or interest or effectiveness
10. a sudden numbing dread
11. thrust oneself in as if by force
12. according with custom or propriety
13. advertise in strongly positive terms
14. the financial means whereby one supports oneself

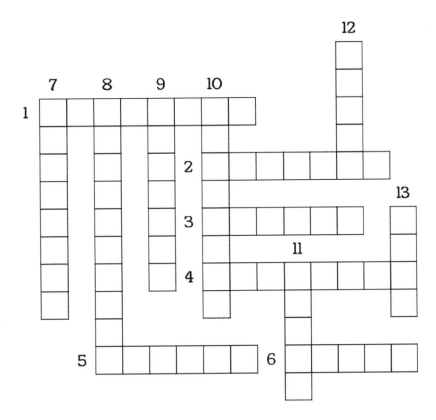

Across
1. a pressing or urgent situation
2. marked by a ready flow of speech
3. a manner lacking seriousness
4. arouse hostility or indifference in
5. disturb especially by minor irritations
6. praise glorify or honor

Down
7. hold back impede or weigh down
8. an uncalled-for burden
9. make amends for
10. showing a lack of concern or seriousness
11. disentangle
12. a small natural hill
13. be full of or abuzz with

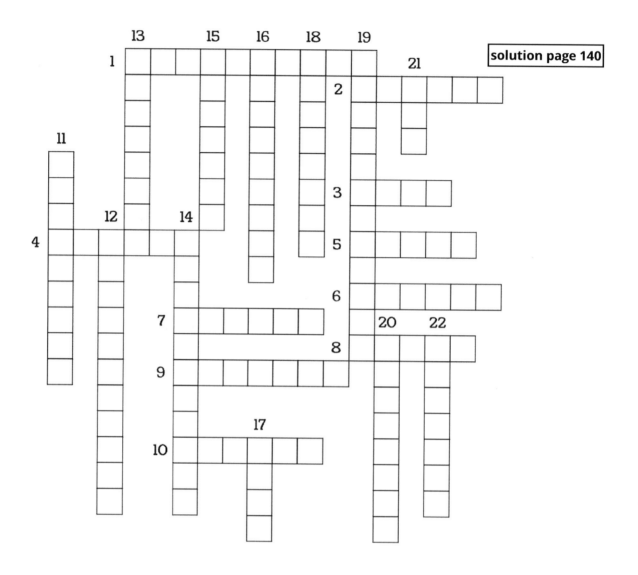

Across
1. make peace with
2. conformity with some standard of correctness or propriety
3. an elaborate song for solo voice
4. assistance in time of difficulty
5. ancient
6. remove by cutting
7. meet to select a candidate or promote a policy
8. a solemn pledge of fidelity
9. tedious or irritating
10. a large fleet

Down
11. make believe with the intent to deceive
12. conducted with or marked by hidden aims or methods
13. marked by a narrow focus on or display of learning
14. extremely conservative or resistant to change
15. speak about unimportant matters rapidly and incessantly
16. ornaments embellishments to or characteristic signs of
17. assist or encourage usually in some wrongdoing
18. infringe on the rights of
19. entry to another's property without right or permission
20. someone who rebels and becomes an outlaw
21. showing marked and often playful evasiveness or reluctance
22. based on sound reasoning or evidence

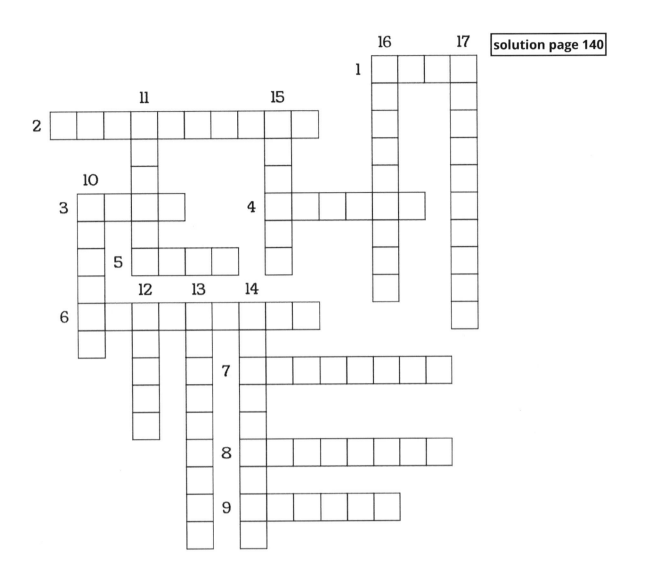

Across
1. a deceptive maneuver especially to avoid capture
2. lack of self-assurance
3. exhibiting or restored to vigorous good health
4. lacking in insight or discernment
5. make keen or more acute
6. everyone being of one mind
7. the mental attitude that something is believable
8. plausible but false
9. an unexpected and inexplicable change in something

Down
10. loud confused noise from many sources
11. undeveloped but potentially useful
12. cause to feel shame
13. command against
14. encompassing much or everything
15. influence or urge by gentle urging caressing or flattering
16. an abatement in intensity or degree
17. greatly exceeding bounds of reason or moderation

Across

1. assembling in proper numerical or logical sequence
2. maintain or assert
3. unrestrained merrymaking
4. lacking grace in movement or posture
5. not faithful to religion or party or cause
6. lessen or to try to lessen the seriousness or degree of

Down

7. the dead and rotting body of an animal unfit for human food
8. a celebrity who is an inspiration to others
9. disposed or willing to comply
10. making persistent or urgent requests
11. clouded as with sediment
12. command solemnly
13. influence or urge by gentle urging caressing or flattering
14. avoid and stay away from deliberately

Across
1. swallow hurriedly or greedily or in one draught
2. discuss lightly
3. lie adjacent to another or share a boundary
4. tastelessly showy
5. of no legal significance as having been previously decided
6. the words of an opera or musical play
7. of a suitable fitting or pertinent nature
8. repeated too often overfamiliar through overuse

Down
9. a tiny or scarcely detectable amount
10. repeated too often overfamiliar through overuse
11. lying beyond what is openly revealed or avowed
12. straying from the right course or from accepted standards
13. someone who deliberately foments trouble
14. a tiny piece of anything
15. a phenomenon that is caused by some previous phenomenon

solution page 143

PUZZLE #1

MEDIUM

2			7	4		3		
3					5	8		
	5	6			1			9
9		8		5	6			
	6			9		2	4	
		4	1					
	7		5		3			
8	9			6		1	3	
4	1						6	2

65

solution page 143

PUZZLE #2

MEDIUM

							1	4
	6	9	7	3				5
4		5		1	9			
	3			5	1			
9	8					7		
5					7			3
		4		7			6	2
6	1		3			5		
		2		4		8	3	9

solution page 143

PUZZLE #3

MEDIUM

	3						8	7
	1				8	9	3	
					9	5		
3								2
	8	4	5			6		9
		1	7		2		4	
	4	9	3	6			2	
7			1				9	3
1			9		4		6	

solution page 143

PUZZLE #4

MEDIUM

2			7		5			1
				8				5
6	7			1	3			
		2	5	6		4		
4					1	8	6	7
				4		5	9	
	3		8				2	
8					6	1	5	
	9		1					4

PUZZLE #5

MEDIUM

solution page 144

					7			5
9		6	4			8		7
	5		2		3		9	
		2			1	7	3	
	7	3	6				9	
		1			8		6	4
	6						1	
3	8							2
4			3	2				

solution page 144

PUZZLE #6

MEDIUM

1	9		3					
		5	2	1		6		
					7		2	1
8				3	1			2
2							1	9
6	4					7		
		6			8		9	4
	3		1		5	2		
	2		4					8

70

solution page 144

PUZZLE #7

MEDIUM

	5	1	4				9	
		6		8		5		7
3		2			9		8	
			2		7	1	5	8
5				9	4		2	
		7			1			
7			1		5		4	
9				4				
						6	7	5

PUZZLE #8

MEDIUM

solution page 144

	3			8				6
		4	5		1	2		8
		9		3	2	1	5	
2			9	1		8		
7					6	9	2	
			3				7	
	8	5	1			6	4	
	7	2		9		3		

solution page 145

PUZZLE #9

MEDIUM

7		5	2	8				4
	2	4				7	5	
	3					1		
	6						8	
2	5						7	6
			6	7		2	3	
6		1	9	3			4	5
			8	4	7			
			5		1		9	

73

solution page 145

PUZZLE #10

MEDIUM

7		3						2
		8	1					4
			9	4		5		
	6	2	7					3
	8	4		6		7	2	
					8		6	
		1						
	2	5		9	1			7
	9	7		8		4		1

74

solution page 145

PUZZLE #11

MEDIUM

	9	4	6		1	8	5	
			7					
	6	3			2	9		
							3	
	1	8	9	5	4		2	
6	4		8		3		9	
				1	8			2
1				7				
			2			3	4	

75

solution page 145

PUZZLE #12

MEDIUM

1		6		8	2		3	
5			1		9	8		
	8			6	7	4		
	6					2	5	
					6			8
9				1	5		7	4
		8		5			6	
			2		3			
2				9		7		3

76

solution page 146

PUZZLE #13

MEDIUM

	3	5	2	8				
						5	6	3
							9	
	1	7		2		6		
		8			3			4
4			8					5
6	8	3	9	7				
	7				1		3	8
		2	3		8			6

solution page 146

PUZZLE #14

MEDIUM

7			9	1	2		4
9	8		7			3		
			8	3			9	1
			5	1	4			7
1								
	7					6		
6	1				8	4		
	2	9			3	8		
		5		2			6	

PUZZLE #15

solution page 146

MEDIUM

	1	2	6	3		9		
	5		2				6	
	4							3
			3		9		7	
9	6		5				4	
					4	3		2
8		5	4				1	
		4	7	2	3	8	5	
2						4		

solution page 146

PUZZLE #16

MEDIUM

		8			2		7	4
	6					9		2
					8	3		
		6		1	9	2		
7						1		
	1			7	5			
		4	9	2				
6	2		8		1		4	9
		1	6		3	8		5

solution page 147

PUZZLE #17

MEDIUM

	3			7			4	
9		4				2	6	3
	5		3		4			
8		1	7		6			
						9	1	
	4		8	1				
7	2			3	8	4		5
		3					8	6
			6					

81

PUZZLE #18

MEDIUM

solution page 147

		7		8	5		9	6
5	2					1	4	3
	4	6	2			5		8
	3							1
			9	8	7			2
			7					4
	7		6					5
					3	8		
	9	2						7

solution page 147

PUZZLE #19

MEDIUM

	4				5		9	
5	6	1		9		2		
			1		4			5
						3	8	
		8	4		1			7
	2	6					4	
9				3	6	7	1	
		3	5			9		
	7	2	8			4	5	3

83

solution page 147

PUZZLE #20

MEDIUM

4		5	8					
				4	1	5	3	
		7					4	
7				3				
8			4		6	7	2	
	4				9			
3	8		7	9				4
9	5		3					8
2				8		1		3

solution page 148

PUZZLE #21

MEDIUM

9			8	2				
	6		9			5	7	2
2			4			6		8
					9		4	
	1		5	6				3
					4			7
						8	2	
	5	6		7	1		3	
		2	6	9				1

85

solution page 148

PUZZLE #22

MEDIUM

	1				3			9
			7	4	6		3	
					9	4		
9	3	7			4	1		
						2		7
		5		7			9	
1	5	9		8		3		
2				9			5	6
7	4		3				1	

86

solution page 148

PUZZLE #23

MEDIUM

	1		9	7		6	5	
	9	8					3	4
		5				2		
9			5	6				
5						9		
	6				2			7
	5	1				3	7	
8		9	6			1	4	
			3		1	8	9	

solution page 148

PUZZLE #24

MEDIUM

3					4		6	8
	8	4		9			2	
	2		5		8		9	7
1	9			4	5			2
		2					4	5
	3			7		9	8	
		3	4	6			5	
			3					
9	4	6	8					

solution page 149

PUZZLE #25

MEDIUM

						2		
		3	1	7		5		
1			4		3			7
	7						6	
6	1			8	9		5	3
	5			4	1	7		2
	6		5	9	4			
2								
8				3		6		4

PUZZLE #26

MEDIUM

solution page 149

	2		7	9			8	4
8	5			2				
	1	7	8					2
	3	2			9	8		1
1	7					6		
6					8		3	
7						4		8
	8			1		9	5	7
		5				1		

solution page 149

PUZZLE #27

MEDIUM

					8		4	3
4		3		7		1		5
5		6						9
			4			8	1	6
	4					5	9	
	2		9	6				7
				1		7		
				8	4		5	
	1	8			2	3		

PUZZLE #28

solution page 149

MEDIUM

	3				2			
		2	1	7		8	3	
					8		6	4
3		4				5	8	
						3	1	6
1	5		7				9	
	2				1	6	7	
5	7		9					8
8		1		2				3

solution page 151

solution page 151

95

solution page 151

96

solution page 151

solution page 152

98

solution page 152

solution page 152

100

solution page 152

101

solution page 153

solution page 153

103

solution page 153

104

solution page 153

solution page 154

solution page 154

107

solution page 154

solution page 154

109

solution page 155

solution page 155

111

solution page 155

113

solution page 156

115

solution page 156

solution page 156

117

solution page 157

118

solution page 157

solution page 157

solution page 157

121

solution page 158

solution page 158

123

WORD SEARCH SOLUTIONS

124

Puzzle # 1
ASSORTED WORDS 1 — page 5

D	E	N	N	I	S	T	N	E	T	A	L			L
D	E	S	L	U	P	Y	C	L	O	Y	E	D		I
		C	A	R	A	V	A	N		E		Q	P	G
S	T	E	L	L	A	P	M	R		X		U	O	H
		A	B			P		F	P		I	L	T	
		D		R		A		L	E		L	I	H	
	U	J			A		I		U	N	D	T	T	E
	N	U		R	D	I	G		N	S		E	I	A
	M	S	E	X	E	N	N	A	K	E		D	C	R
S	O	T	N	I	P	K	S	S	Y			I	T	
	R	A			O		O		T	P			Z	E
	A	B			R			O		O	P		E	D
	L	L			T				H		R	I	D	
	S	E	H	C	T	I	R	B			M	H		
	I	N	T	E	R	L	E	A	V	I	N	G	S	

Puzzle # 2
ASSORTED WORDS 2 — page 6

S		S	D	N	U	O	R	G	R	I	A	F
	H	N	F		H	S	E	N	S	I	B	L	E	S
		T	O	R	R	E	V	I	T	I	S	O	P	U
		O	I	E		S	R	E	K	R	O	W	N
		R	T	E	N	I	K	I	N	A	M	S
		T	A	S		T				T
D	I	F	F	E	R	E	N	T	I	A	L	S		A
R	E	T	R	O	F	M	O	C		N		T
	D	D		O	C	C	U	P	A	N	T		E
	A	A	R	E	V	E	N	U	E		L	D
	N	D	C		E	T	T	E	L	I	O	T	Y
	G	D		S	E	T	U	M	R	E	P
	L	Y	L	B	A	V	O	M	M	I
	E	V	I	T	A	C	I	N	U	M	M	O	C
I	N	T	E	R	L	O	P	E	R	S

Puzzle # 3
ASSORTED WORDS 3 — page 7

		G	Y	L	L	A	N	O	I	T	A	N
		N	F	R	E	T	I	C	E	N	C	E
		S	I	E	P		H	G
S	A	I	U	Q	O	L	L	O	C	I	H
R	E	K	C	I	H	T	T	I	T		A	T
	S	N	U	C	K	N	S	C	E		M	L
D	T		O		L		A	U	I	E		I	Y
	E	N		P		L		C	H	T	R		N
S	E	T	E		X	B	I	R	D	E	D	I	T
E		S	A	I		E		T			E
T			A	G	T	D	R	E	S	S	I	N	G	S
T			E	O	A		E		I	T
E			N	R	P		V		D	R
E			U	E	M		O		A
S	N	A	T	C	H	E	S	D	I			P

Puzzle # 4
ASSORTED WORDS 4 — page 8

	A	N	O	I	X	I	F	I	C	U	R	C	M
	P			S	R	E	G	N	A	D	O	O
	G	N	I	P	P	I	P			E	V	L
M		B	G	E	O				X	E	L
A	P	P	E	N	D	I	C	I	T	I	S	P	R	Y
L	C	S		D	I	A	N		L	T	C
I	E	I	E		R	T	N	T		O	A	O
G	E	N	G	L	R	O	A	N	E		I	K	D
N	P	L	G	A	O	A	O	M	O	E		T	I	D
A	R		D	T	R	H	U	M	A	L		E	N	L
N	E			W	H	I	Y	G	S	G	O	D	G	E
T	L			A	Y	L	E	A		L	C	S
S	U				D		L	K	J		A
	D		M	O	N	S	O	O	N	S	M
	E			F	E	C	E	S			A

4TH OF JULY
Puzzle #5 — page 9

S			F								Y			
P		B	A	L	L	O	O	N	S	T				
A		O		M	A	P				T	R			
R	Y		N		E	G	I			A	A			
K		L	F	S	B	A	R	B	E	Q	U	E	R	P
L	A	V	I	N	R	A	C	I			F			S
E		R	M		S	E	H		C	P	R	I	D	E
R			E	E	A	K	G	O		A	E	J		
S			S		D	F	R	R	T		E	U		
			S	K	R	A	P	O	U	D	D	L		
	C		I	N	C		I	P	R	G	W	B	O	Y
		I	C	E	C	R	E	A	M	E	M	G		
								M	P			R	A	S
	R	E	K	C	A	R	C	E	R	I	F		I	H
	L	I	B	E	R	T	Y	S						F

ACTIONS
Puzzle #6 — page 10

P	G		G		S	H	O	P	P	I	N	G		
L	A		G	N	I	M	L	I	F					
A	T		G		I		G	N	I	W	E	S		
Y	H	G		N		K	G	N	I	K	L	A	W	S
I	E		N		I		A	B	I					O
N	R	G	N	I	L	W	O	B	A	L	L	E	T	R
G	I		N		B	A	O			T	I			T
G	N	I	V	I	D	M	N	M			H	A		I
	G	I	R	R	P		I	D				I	H	N
	G	G	L	O	E	M	F	L	I	P	P	I	N	G
	N	N	D	N	C	A		C	N					G
	I	I		D	I	C	C			G				
		D	K	A	N	O								
G	N	I	T	N	I	A	P	G	S					
		R	R	S	U	R	F	I	N	G				

ANCIENT REPTILES
Puzzle #7 — page 11

	S			S	E	R	O	V		I	B	R	E	H
		T				R	U							
			E			E	A							
				G			P	S						
					O			T	O					S
						S	L	A	M	I	N	A		C
P	E	K	I	L	D	R	A	Z		I	L	L	I	A
R	P	T	E	R	O	S	A	U	R	S	F	E	D	V
E			X					T	R		O		S	E
D			T						N	U	S			N
A			I						E	S				G
T		N	O	D	O	R	T	E	M	I		D		E
O			C						R		L	C		R
R			T						E	S		N	S	
S	R	U	A	S	O	I	S	E	L	P	X			A

BEACHES
Puzzle #8 — page 12

			H	S	E	S	S	A	L	G	N	U	S	
N				S			S	P		F				
	E				I		N		I		R	S		S
		E				F	O			H		U		U
	S	D	R	I	B	E	R	O	H	S	S	N	S	N
	S	E	D	C		K	A	T		U	B			B
	H		A	R	S		E		T	A	N	U		A
L	E			G	A	N	L		S	S	H	R		T
L	R	Y	R	U	O	U		S	U	W	N			H
L	E	O	F	A	L	B	S		N	N	I	U		E
	H	H	F	T	L	F			A	T	M	S		
	A	E	S	S	A	S	P	R	A	Y	C	A		
			A		T	A		U				K	N	
		E				E		S						S
	S	E	R	O	H	S	A	E	S	H	A	R	K	

Puzzle #9
ASSORTED WORDS 9 — page 13

	G	S	R	E	I	F	I	C	A	P				
	Y		N			M	O			S				
R		R		I	A	C		A	N		U			
E	G		E		B	L		M	C		P		R	
V	P	N		L		O	K	M	E		H	E		E
I	R	P	I		H	T	T	L	A	A		E	R	Q
T	O		I	L	C	U	D		L		R	M	R	U
A	N			N	L	R	C	E	S	O	M	E	E	E
L	O				T	E	A		R		I	N	C	S
I	U				S	P	L		E	T	D	O	T	
Z	N	E	R	V	E	L	E	S	S		P		P	I
E	S			H	A	G	G	L	I	N	G	P	I	N
S	M	A	H	A	R	A	J	A		D			E	G
	P	R	E	H	E	A	T	I	N	G			D	P
		Y	L	T	N	E	I	C	I	F	O	R	P	

Puzzle #10
ASSORTED WORDS 10 — page 14

		Y	T	I	L	I	B	A	L	O	I	V	N	I
	S		S	A	M	G	O	D	E	U	Q	I	P	
E	X	O	R	C	I	Z	I	N	G					M
M		U	B	U	I	T	H	E	E	I	N	G		I
I		N	O		A	N		Y	L	W	O	L	S	
P	T		R	R	E		T	J				C	F	
R	R		A	E	Q	D	E	N	U	D	E	D	O	I
O	O		S	V	A	U			E	R			M	R
N	P		E	L	I				C	Y		M	E	
G	I		L	D	V	C	L	O	B	B	E	R	E	D
H	C			A	H	E	C	T	O	R	I	N	G	
O	A			L	F							C		
R	L	O	A	D	E	D						I		
N			G	N	I	T	H	G	I	F		N		
S		N	A	M	T	C	E	L	E	S		G		

Puzzle #11
ASSORTED WORDS 11 — page 15

		N	E	G	O	N	I	C	U	L	L	A	H
E	K	A	T	E	B	T	N	E	N	I	T	R	E	P
		P			D	E	D	I	C	A	T	E	D
	H	C	A	O	R	B			H				M
Y	L	K	A	E	L	B		E	V	I	D	N	E	A
		D	E	D	O	R	E		L		M	I
G	N	I	C	A	R	T	G		B		U	N
H	Y	T	S	A	T		I		L		T	T
E	I	N	F	E	R	I	O	R	Z	A		A	E
C	O	L	L	A	B	O	R	A	T	I	O	N	T	N
K	E	M	B	O	D	I	E	D		N	N		E	A
L		H	A	R	E	L	I	P	S		G	D	N
E		E	X	T	R	A	D	I	T	I	O	N	S	C
D		C	O	N	C	I	L	I	A	T	E	D	E
		Y	R	O	T	L	U	S	E	D

Puzzle #12
ASSORTED WORDS 12 — page 16

R	E	F	R	I	G	E	R	A	N	T	S			
T	E	D			M	I	N	U	T	E	M	E	N
E		P	E	T	A	T	I	L	I	B	A	H	E	R
R		R	O	I		D	E	D	E	E	N	N	U
R	W	E		T	F	T	C	E	L	G	E	N		S
A	E	S		O	I	N		P					A
P	E	H			S	R	E	P	P	A	L	C	L
I	P	R		E	I	O	M		A		F	V
N	I	I		L		L	L		L	A	A
D	E	N	I	A	R	T	S	O		G	O		C	G
R	K					S			D	I	I
R	E	F	U	R	B	I	S	H	I	N	G	N	N
E	V	I	T	N	E	T	E	R	M		G	G
G	N	I	T	R	O	P	S	E	N	O	T	A	S
E	U	S	S	I	E	R			S	P	A	C	E

127

BEST GIFTS FOR MOTHER
Puzzle # 13 — page 17

				C		N	A	P	T		I	M	E
D				S	A								H
	O				D	K							A
	J	O				S	R	E	W	O	L	F	N
	E		F			E	A	S		P			D
	W	T		E		I		S	C		E		M
	E		A		T		D		O	T	R		A
	L			L		I		E		R	F		D
	R			O		R		P			U	I	E
	Y				C		O		I		M		G
	S	P	A	D	A	Y	O		V		N	E	I
					H			A		A			F
							C		F		M	T	
			V	A	C	A	T	I	O	N			
			F	F	O	E	M	I	T				

BIRD STUFF
Puzzle # 14 — page 18

U	D	N	A	N	E	S	T	Y	E	R	P	S	O
	K	Y	G	O	L	O	H	T		I	N	R	O
		C	M	N		I	G	H	T	H	A	W	K
		U	E	U	T	O							
N	N		W			D	R	T	A	R			
E	I	P	G	A	M		D	G	H	R		I	
N	G	T			C		N	R	A	A	G	O	
I	H		R		A		E	A	N	T	I		L
G	T			A	E		M		S	L	S	C	M	E
H	I				M	T		M	O	T	L	E	H
T	N				M	E	A	D	O	W	L	A	R	K
J	G	E	N	E	N			R		A	L	I	M
A	A	O	S	T	R	I	C	H	G				N
R	L	M	O	C	K	I	N	G	B	I	R	D		G
R	E	K	C	A	R	C	T	U	N		M		

CAR STUFF
Puzzle #15 — page 19

	R	R		Y			P						E
P		E	O		G	S	D	O	R	T	O	H		L
	O		T	O		G	A	U	T	O			E
H	E	T		S	D		U	G		H			C
A	G	L	D		G	R	R	B			T	F		T
T	A	I	I	R	C	A	U	A			O		R
C	S	M		B	A	O	R	O	C		U	L	I
H	E	O		E	O	H	U	D	F		R	O	C
B	L	U	O		E	M	C	P			W	W	C
A	E	S		M		V	O	J	E	E	P	H	R	A
C	C	I			I		M	T			E	I	R
K	T	N			L	P	U	U			E	D	
	R	E		E	S	R	A	E	H	A		L	E
D	I	R	B	Y	H		C	R	U	I	S	E	R
	C	O	N	V	E	R	T	I	B	L	E		

CHICKS AND DUCKS
Puzzle # 16 — page 20

			H	C	T	U	L	C	U	R	L	E	W
		Y					H				D		
O	A	L	E	E	D	A	K	C	I	H	C		A
	O	E	E	E	V	D	D		C	T		R	
		K	H	I	S	O		I	R	K	A	S		T
C	Y	C	C	R	T	O	C	N	I		N	E	E
	R	R	O	U	N	A	O	D	O	B		A	R
C	E	O	A	R	C	O	K	G	R	R	W		R	C
O	R	N	S	W	M	N	M	C	A	I	N	O		Y
C		E	A	S	O	O	E	M	O	D	B	I	C
K		E	R	B	S	R	K	O	C	A	T	S	
A		C	T	P	C	I	S	A	C	C		N	A
T		R		O	E		L	A	N	I	D	R	A	C
O	D	O	V	E	O	R		L	C	T	H			C
O		W			C						C		

Puzzle # 17
ASSORTED WORDS 17 — page 21

	G			D	E	B	A	T	E	R				
		N	S	R	E	L	D	D	E	P			I	
D	E		I	S	R	E	V	O	H	S	U	P		R
	E	D		N	M	S	I	T	O	P	S	E	D	R
R		R	I	F	N		S		H					I
T	O		O	C	E	I	A		E		S			T
	S	T	G	B	O	I	B	E	L	C	H	E	D	A
		E	A	N	R	N	L		L	O	O	S		T
		N	R	I	A	E	E	S	R	V	W			I
			A	I	T	H	G	R	D	E	O			N
			M	P	R			U	L	O				G
S	E	M	A	N	R	U	S	A		R	L	P		L
	S	L	R	O	H	W	H	N	C	O	E	I		Y
F	O	O	T	R	E	S	T	S	O	Y	D	N		
	E	R	O	C	S	R	U	O	F	C		G		

Puzzle # 18
ASSORTED WORDS 18 — page 22

			D	I	A	G	N	O	S	I	S			
			M	O	U	N	D	I	N	G				
F	R	E	E	H	O	L	D	E	R					
S	S		A	R	I	N	D	E	F	I	N	I	T	E
E	E	R		V	O		E	E	C				V	S
	T	N	A		I	G	F		D	A			E	H
S	A	A	A	R	M	O	E	U		D	L		I	O
E		L	R	L	T	A	N	N		A	P	N	U	
C		L	U	P	S	S	I	O	E		P	I	T	
R			O	C	I	I	T	C	U	R		N	I	
E				Y		B	G	E	S	S	E	G	N	
T					S	L		E	R			A	G	
E	N	L	I	G	H	T	E	N		R	Y		L	
R	D	E	R	E	T	T	O	L	P					
	E	M	B	E	L	L	I	S	H	M	E	N	T	

Puzzle # 19
ASSORTED WORDS 19 — page 23

C	A	V	E	A	T	J		W	H	E	E	Z	E	N
		E		G	Y	N	O	S	E	T	S	A	B	O
		V	G	N	L	E	Y	O				O	M
			I	N	I	L	M	R	D			G	I
		G		T	I	N	A	N	O	A		G	N
D	I	P	L	O	M	A	T	I	C	R	D	D	I	A
			O		R	N	A	S	E	E	N	T
			F		T	A	R	A	T	G	E
R	E	I	Z	Z	U	C	S		S	L	D	R	N	S
G	N	I	R	I	F	S	I	M		N	P		I
	N		C	O	N	D	U	C	E	D	O	M
		I		E	L	B	A	P	L	A	P	M	I
		Y	P	L	A	N	T	I	N	G	S	E
			L			N	O	N	S	K	I	D
		S	U	O	I	R	B	O	R	P	P	O

Puzzle # 20
ASSORTED WORDS 20 — page 24

M	A	S	H	E	R	S	T	F	I	L	P	U
					T	G					F
			S		A	N				R
	G	E	O	M	E	T	R	I	E	S	O
R	P		S	R	T	S	I	S	O	K		T
E	R	S	P	E	O	S	P	R	I	I	N	H
A	O	E	L		I	V	E	U	R	R	L	I
W	R	S	A		G	N	I	K	R	A	A	E	L
A	A	S	N		P	N	A	B	C	T	M	S	M	S
K	T	I	E			I	I	P	R	I	E	T	I	A
E	I	O	D			Q	T	M	E	U	D	N	R
N	N	N				U	R	O	H	Q	C	M
E	G	E	L	I	V	I	R	P	E	O	C		E	O
D		N	O	I	T	A	N	G	I	D	N	I		R
M	A	R	K	S	M	A	N	S	H	I	P	S		S

129

FEATHERED FRIENDS
Puzzle #21 — page 25

N	O	E	G	I	P	K	C	O	R			P	
P					E	P	I	N	T	A	I	L	
	T	E	E	K	A	R	A	P	E			O	
L	A	G	A	E	H	R	F	E		V		V	
	L		R	D		V	R	A	O	A		A	E
P		I	M	I		O	O	I	W	C	R	R	R
	Y		B	I	R	T	D	O	L	L	O		O
		G	P	R		G	T	G	K	K		O	C
P		L	M	E	O		A	R	N	C		S	K
	I		E	Y	L	Z	N	N	A	I	O	T	E
		G		R	O	I	A	I	R	P	W	R	R
			E		T	W	C	R	F	O		D	Y
				O		E	L	A		F	B		E
				N		P	E	N	G	U	I	N	R
R	O	A	D	R	U	N	N	E	R			P	N

FEATHERS AND WINGS
Puzzle # 22 — page 26

	T	W	N			W	H	I	T	E	D	O	V	E
	H	A		R				O						
W	R	T	N		E				E				T	
H	A	E		A		T			S	R			U	
I	S	R			G					P	I		R	
P	H	T	E			E					O	V	T	
P	E	H			L	T	H	R	U	S	H		N	L
O	R	R			B		V	U	L	T	U	R	E	
O		U	Y	N	E	R	W						D	X
R		S		E			A						O	
W		H			K		L	W					V	
I	I				R			I					E	
L		N			T	O	U	C	A	N				
L			G						T		T			
		G	N	I	W	X	A	W						

FISH
Puzzle #23 — page 27

S	K			S	T	I	N	G	R	A	Y	
W		R	N		N	L		H	S	I	F	N	U	S
O		S	A	O		H	O	E	S		R	O	H	A	E	S
R	N		N	H		E	S	P	M	S		L			T
D		I		A		S	G	I	R	S	A		E		I
F		E	P			P	D	R	F	A		B			G
I	H		T	L			P	A	U	W	T		A		E
S		S		A	U		E	H	T	A			E	R
H	H	S	I	F		K	C	O	R	S	S	S		S
			F			S	S	A	R	O	M	E	R	H
				L			Y	H	G	U	O	R	A
				E	N	I	D	R	A	S			R
				N	O	G	A	R	D	A	E	S		K
				N	O	M	L	A	S	T	E	T	R	A
				H	S	I	F	L	L	I	U	Q

FOOD FAVORITES
Puzzle #24 — page 28

				E			E	N							
	R	B		E	L			I	E						
		A	E		I	O			S	H	K				
	C	N	E	E	T	P	M		E	T	C				
	I	A	O	P	F	E	T	A		L	O	I			
M	N	N	V	C			F	O	C	D	F	O	H		
A	N	A		I	A			F	P	A	A	F	M	C
R	A			A	B	L	T	U	O	U	E	A	S
I	M	L			R		E		B	R	G	R	W
N	O	F	L		A	D	O	S	G	N	I	K	A	B
A	N		R	I				A						
D			O	U	N					B				
E			L		I	A								
			L			T	V							
	I	H	S	U	S									

130

Puzzle # 25
ASSORTED WORDS 25 — page 29

D				K	I	C	K	Y	U				H
	E		D	I	V	I	N	I	T	Y	P		A
	N	T	D	E	S	P	A	I	R	S	L		R
	B	E	N	D	S	T	S	U	G	S	I	D	G	V
E			T	A	G	S	F				F		A	E
D	X		A	V	N	O	O			T		W	S
	E	C		E	I	I	B	E		E		K	T
	T	I	S	S	B	L	L	M	T	D		I	E
	A	S	G	R		L	L	I	A	R	E	D
	T	I	O	E		A	E	L	L	R
	S	N	L	U		G	M	C
E	H	T	E	E	T	A	G	A	Q			M
S	C	A	L	P			V		T	N		U
	S	R	E	U	C	S	E	R	A	O			P
	O	V	E	R	S	P	E	N	D	S	C	C

Puzzle # 26
ASSORTED WORDS 26 — page 30

B	E	E	L	I	N	E	D	S	E	V	I	A	W
	S	C			D
	L	M	E	H		D	E	V	O	L		D
G	N	I	M	O	S	E	B		G					I	M
E	N		E	R	I	C	R		R				A	E
W	K	T	D	N	T	R	K	I		O			G	N
E	U		S	E	E	A	P	L	N			G	O	S
R	P			E	T	V	R	M	I	Y			N	W
S	O	O	L	G	I	A	N	B	O	S			A	E
J	O	S	T	L	E	S	V	V	O	O	C	T	L	A
	R	E	M	I	T		O	R	C	A			S	R
W	H	I	M	S	I	C	A	L	O	E	E	R
		R	E	F	I	N	E	R	N	R	D
		F	U	S	S	B	U	D	G	E	T	S
G	N	I	T	A	P	I	S	S	I	D

Puzzle # 27
ASSORTED WORDS 27 — page 31

	S	H	R	U	B	B	E	R	Y				V
F	U	N	N	E	L	E	D	M	L	U	C	I	D	E
D		S	T		L	V		D	U				R
O	A		H	N	G	L	O	T	E	S				I
G	K	W	S	I	E	N	U	L	S	I	B			T
G	I		N	T	N	G	I	F	L	R	R	U		I
O	N		E	N	G	N	R	R	E	U	R	S	E
N	G	D		D	E	L	A	E	A	Y	C	E	S
E	F		E			D	I	T	D	E	E		F
R	I			S			N	N		N	F	D
	S			O	S	I	O	E	G	R	U	O	B
	H			P	B	O	B	C	A	T	S
S	E	O	R	Y	T		X	G	O	O	S	I	N	G
	R	S	E	V	I	T	N	E	C	N	I	A
T	A	R	I	N	G	S	A	L	L	I	T	N	A	M

Puzzle # 28
ASSORTED WORDS 28 — page 32

	S	O	U	N	D	P	R	O	O	F	E	D
				S	E	I	T	E	F	A	S
			C		P	T
B	L	U	E	B	O	T	T	L	E	S				H
H				M			U	K				E
E				F			G	R				M
C				Y	T	E	Q	U	I	L	A	S	O
T	P	N	O	I	T	A	N	I	M	R	E	G	M	R
O	R	S	T	S	I	R	U	J		P			S	R
R	O		L	I	N	T	E	L		V	I		A	H
I	F		E	T	T	O	R	R	A	G		P	O
N	F			H			P	G		P	I
G	E	N	D	E	R	S			O	I		I	D
	R		A	N	M	U	L	A	R	S		E
R	O	O	T	L	E	S	S	B			H		R

CROSSWORD SOLUTIONS

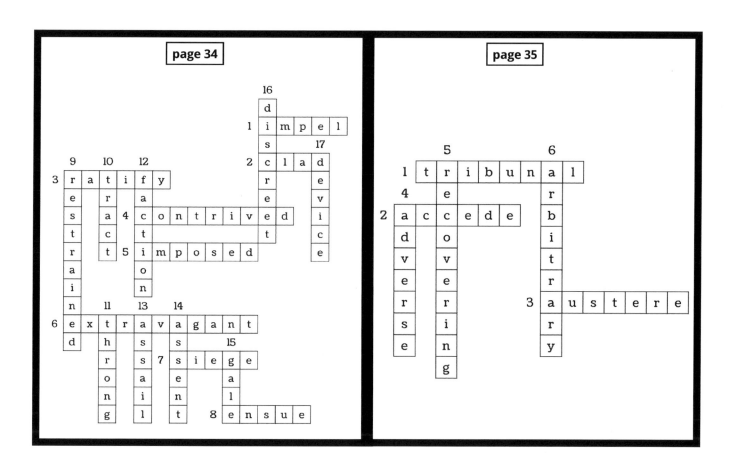
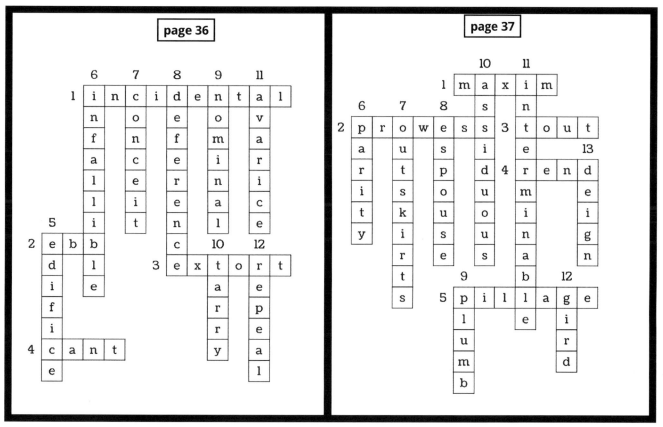

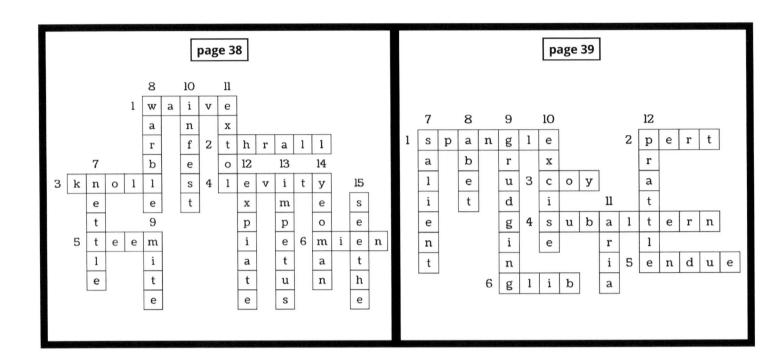
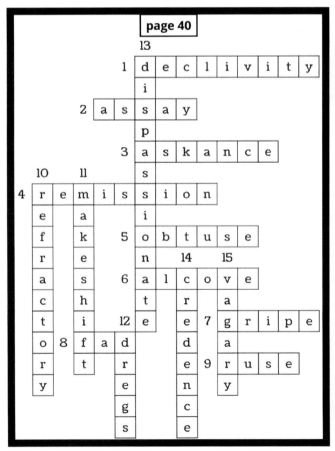
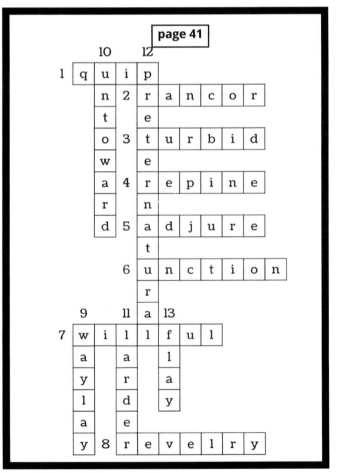

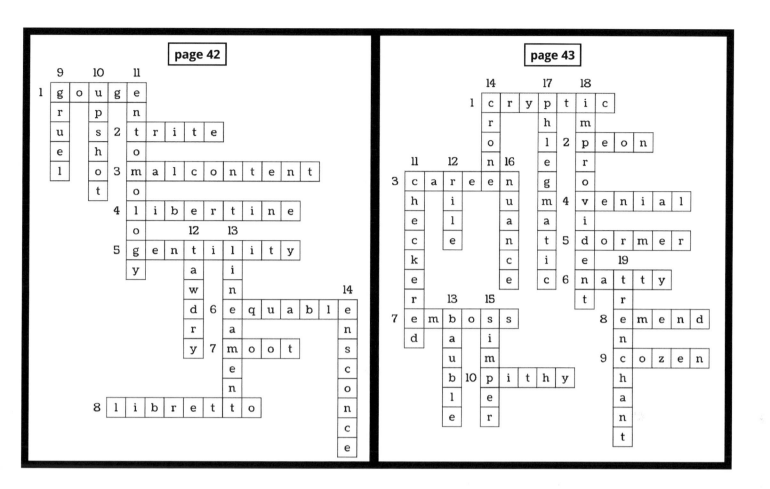
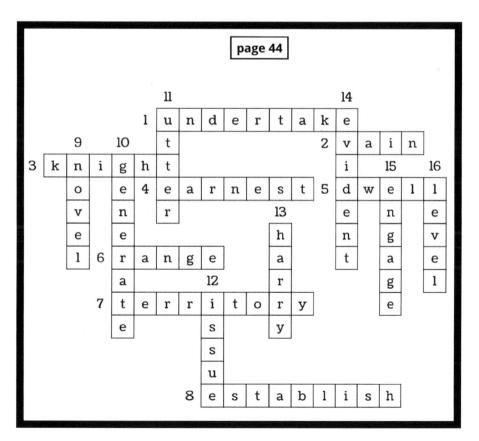

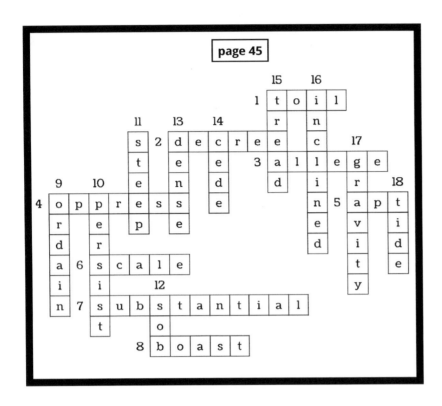

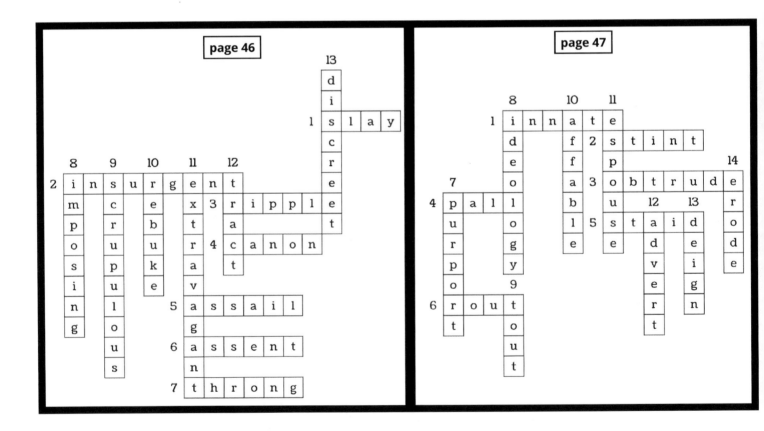

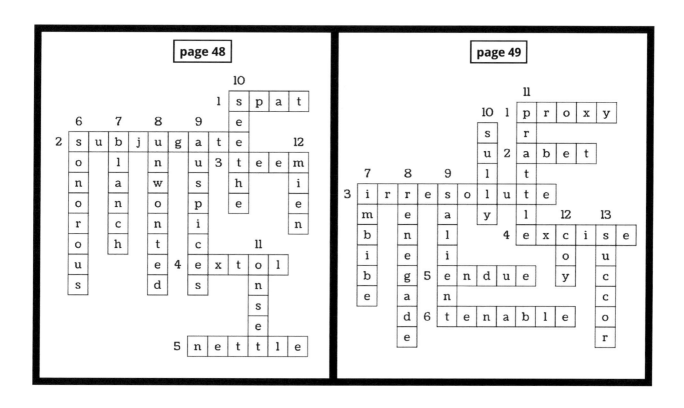
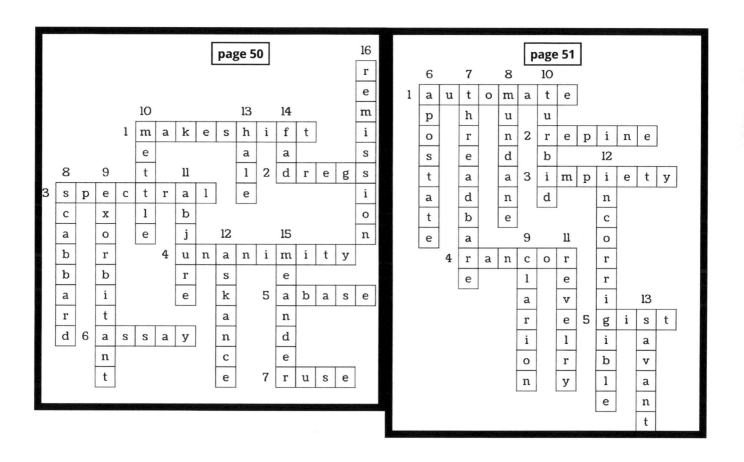

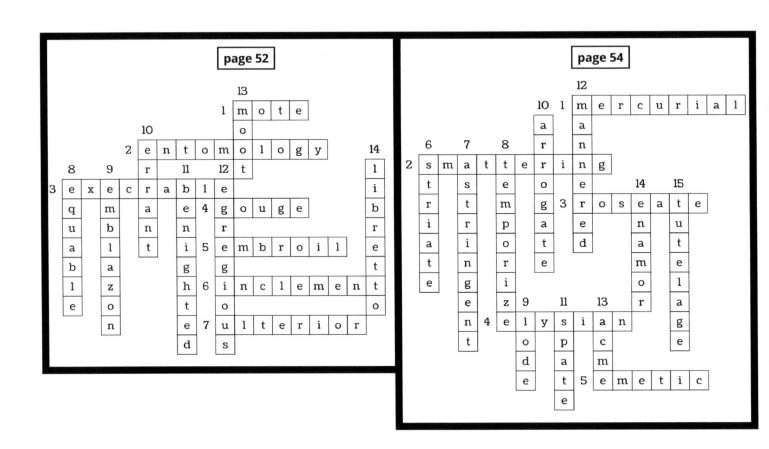
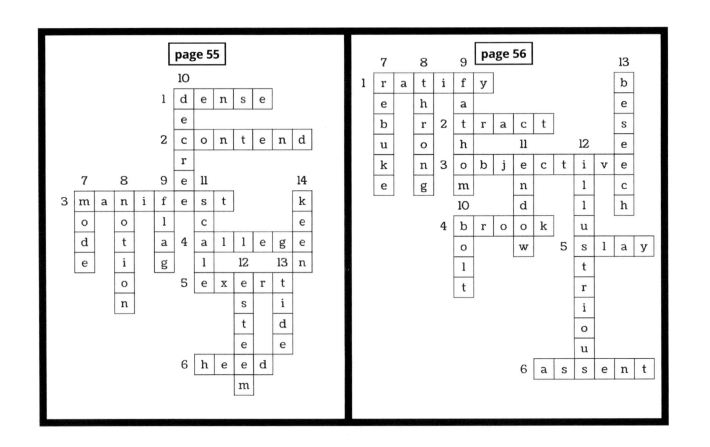

138

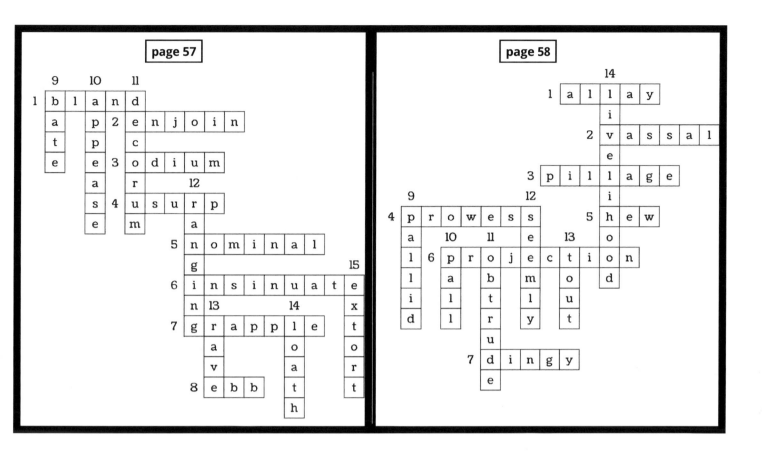
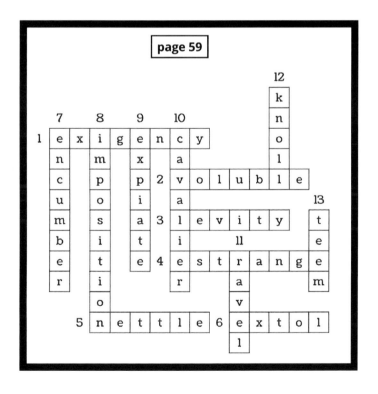

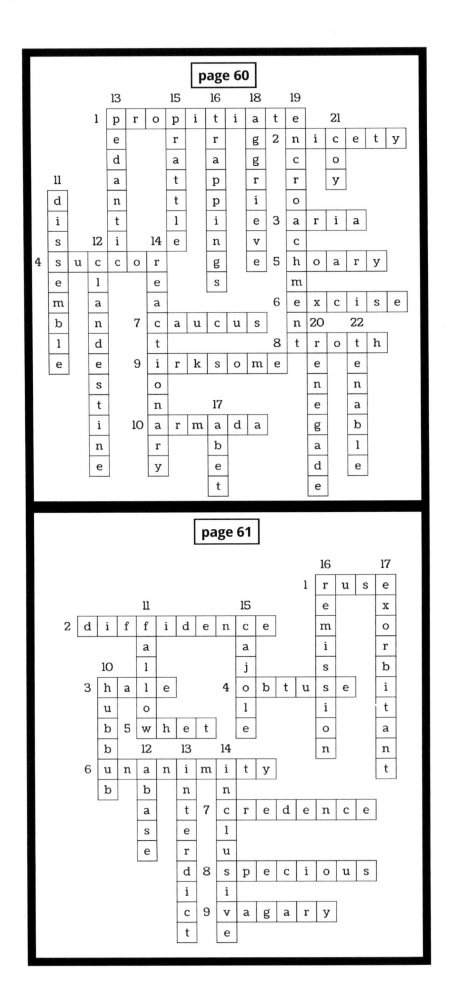

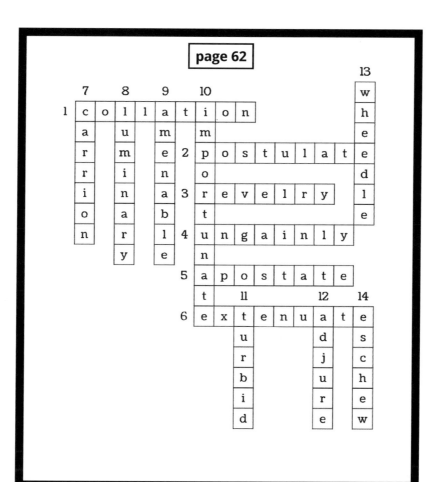

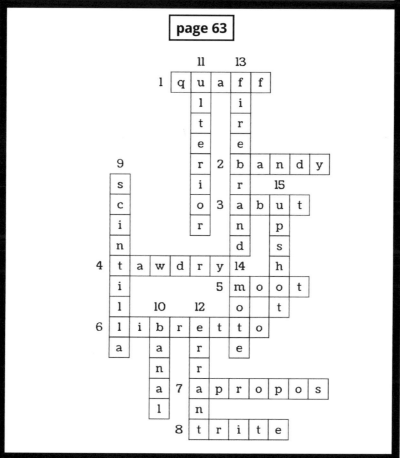

SUDOKU SOLUTIONS

page 65

Puzzle # 1

2	8	1	7	4	9	3	5	6
3	4	9	6	2	5	8	7	1
7	5	6	8	3	1	4	2	9
9	2	8	4	5	6	7	1	3
1	6	7	3	9	8	2	4	5
5	3	4	1	7	2	6	9	8
6	7	2	5	1	3	9	8	4
8	9	5	2	6	4	1	3	7
4	1	3	9	8	7	5	6	2

page 66

Puzzle # 2

8	7	3	2	6	5	9	1	4
1	6	9	7	3	4	2	8	5
4	2	5	8	1	9	3	7	6
2	3	7	6	5	1	4	9	8
9	8	6	4	2	3	7	5	1
5	4	1	9	8	7	6	2	3
3	9	4	5	7	8	1	6	2
6	1	8	3	9	2	5	4	7
7	5	2	1	4	6	8	3	9

page 67

Puzzle # 3

9	3	6	4	5	1	2	8	7
4	1	5	2	7	8	9	3	6
8	7	2	6	3	9	5	1	4
3	9	7	8	4	6	1	5	2
2	8	4	5	1	3	6	7	9
6	5	1	7	9	2	3	4	8
5	4	9	3	6	7	8	2	1
7	6	8	1	2	5	4	9	3
1	2	3	9	8	4	7	6	5

page 68

Puzzle # 4

2	4	8	7	9	5	6	3	1
3	1	9	6	8	4	2	7	5
6	7	5	2	1	3	9	4	8
9	8	2	5	6	7	4	1	3
4	5	3	9	2	1	8	6	7
7	6	1	3	4	8	5	9	2
1	3	4	8	5	9	7	2	6
8	2	7	4	3	6	1	5	9
5	9	6	1	7	2	3	8	4

Puzzle # 5 **page 69**

1	2	8	9	6	7	3	4	5
9	3	6	4	1	5	8	2	7
7	5	4	2	8	3	1	9	6
6	4	2	5	9	1	7	3	8
8	7	3	6	4	2	9	5	1
5	9	1	7	3	8	2	6	4
2	6	5	8	7	9	4	1	3
3	8	9	1	5	4	6	7	2
4	1	7	3	2	6	5	8	9

Puzzle # 6 **page 70**

1	9	2	3	4	6	5	8	7
7	8	5	2	1	9	6	4	3
3	6	4	8	5	7	9	2	1
8	7	9	5	3	1	4	6	2
2	5	3	6	7	4	8	1	9
6	4	1	9	8	2	7	3	5
5	1	6	7	2	8	3	9	4
4	3	8	1	9	5	2	7	6
9	2	7	4	6	3	1	5	8

Puzzle # 7 **page 71**

8	5	1	4	7	6	3	9	2
4	9	6	3	8	2	5	1	7
3	7	2	5	1	9	4	8	6
6	4	9	2	3	7	1	5	8
5	1	8	6	9	4	7	2	3
2	3	7	8	5	1	9	6	4
7	2	3	1	6	5	8	4	9
9	6	5	7	4	8	2	3	1
1	8	4	9	2	3	6	7	5

Puzzle # 8 **page 72**

5	3	7	2	8	9	4	1	6
6	9	4	5	7	1	2	3	8
1	2	8	4	6	3	7	9	5
8	6	9	7	3	2	1	5	4
2	5	3	9	1	4	8	6	7
7	4	1	8	5	6	9	2	3
9	1	6	3	4	8	5	7	2
3	8	5	1	2	7	6	4	9
4	7	2	6	9	5	3	8	1

Puzzle # 9 — page 73

7	1	5	2	8	3	9	6	4
8	2	4	1	9	6	7	5	3
9	3	6	7	5	4	1	2	8
3	6	7	4	2	9	5	8	1
2	5	9	3	1	8	4	7	6
1	4	8	6	7	5	2	3	9
6	7	1	9	3	2	8	4	5
5	9	3	8	4	7	6	1	2
4	8	2	5	6	1	3	9	7

Puzzle # 10 — page 74

7	4	3	8	5	6	9	1	2
9	5	8	1	3	2	6	7	4
2	1	6	9	4	7	5	3	8
5	6	2	7	1	9	8	4	3
1	8	4	3	6	5	7	2	9
3	7	9	4	2	8	1	6	5
8	3	1	5	7	4	2	9	6
4	2	5	6	9	1	3	8	7
6	9	7	2	8	3	4	5	1

Puzzle # 11 — page 75

2	9	4	6	3	1	8	5	7
5	8	1	7	4	9	2	6	3
7	6	3	5	8	2	9	1	4
9	2	5	1	6	7	4	3	8
3	1	8	9	5	4	7	2	6
6	4	7	8	2	3	1	9	5
4	5	9	3	1	8	6	7	2
1	3	2	4	7	6	5	8	9
8	7	6	2	9	5	3	4	1

Puzzle # 12 — page 76

1	9	6	4	8	2	5	3	7
5	4	7	1	3	9	8	2	6
3	8	2	5	6	7	4	9	1
8	6	1	3	7	4	2	5	9
7	5	4	9	2	6	3	1	8
9	2	3	8	1	5	6	7	4
4	3	8	7	5	1	9	6	2
6	7	9	2	4	3	1	8	5
2	1	5	6	9	8	7	4	3

145

Puzzle # 13 **page 77**

9	3	5	2	8	6	1	4	7
8	2	1	7	4	9	5	6	3
7	6	4	1	3	5	8	9	2
3	1	7	5	2	4	6	8	9
2	5	8	6	9	3	7	1	4
4	9	6	8	1	7	3	2	5
6	8	3	9	7	2	4	5	1
5	7	9	4	6	1	2	3	8
1	4	2	3	5	8	9	7	6

Puzzle # 14 **page 78**

7	5	3	6	9	1	2	8	4
9	8	1	7	4	2	3	5	6
2	4	6	8	3	5	7	9	1
3	6	8	5	1	4	9	2	7
1	9	2	3	7	6	5	4	8
5	7	4	2	8	9	6	1	3
6	1	7	9	5	8	4	3	2
4	2	9	1	6	3	8	7	5
8	3	5	4	2	7	1	6	9

Puzzle # 15 **page 79**

7	1	2	6	3	5	9	8	4
3	5	9	2	4	8	7	6	1
6	4	8	9	1	7	5	2	3
4	2	1	3	8	9	6	7	5
9	6	3	5	7	2	1	4	8
5	8	7	1	6	4	3	9	2
8	3	5	4	9	6	2	1	7
1	9	4	7	2	3	8	5	6
2	7	6	8	5	1	4	3	9

Puzzle # 16 **page 80**

3	9	8	1	6	2	5	7	4
1	6	7	5	3	4	9	8	2
4	5	2	7	9	8	3	1	6
8	3	6	4	1	9	2	5	7
7	4	5	2	8	6	1	9	3
2	1	9	3	7	5	4	6	8
5	8	4	9	2	7	6	3	1
6	2	3	8	5	1	7	4	9
9	7	1	6	4	3	8	2	5

page 81

Puzzle # 17

6	3	8	9	7	2	5	4	1
9	7	4	5	8	1	2	6	3
1	5	2	3	6	4	8	7	9
8	9	1	7	2	6	3	5	4
2	6	7	4	5	3	9	1	8
3	4	5	8	1	9	6	2	7
7	2	6	1	3	8	4	9	5
4	1	3	2	9	5	7	8	6
5	8	9	6	4	7	1	3	2

page 82

Puzzle # 18

3	1	7	4	8	5	2	9	6
5	2	8	9	6	7	1	4	3
9	4	6	2	3	1	5	7	8
7	3	9	5	4	2	6	8	1
4	6	1	3	9	8	7	5	2
2	8	5	7	1	6	9	3	4
8	7	3	6	2	9	4	1	5
6	5	4	1	7	3	8	2	9
1	9	2	8	5	4	3	6	7

page 83

Puzzle # 19

8	4	7	3	2	5	1	9	6
5	6	1	7	9	8	2	3	4
2	3	9	1	6	4	8	7	5
4	1	5	6	7	2	3	8	9
3	9	8	4	5	1	6	2	7
7	2	6	9	8	3	5	4	1
9	5	4	2	3	6	7	1	8
1	8	3	5	4	7	9	6	2
6	7	2	8	1	9	4	5	3

page 84

Puzzle # 20

4	3	5	8	2	7	9	6	1
6	2	8	9	4	1	5	3	7
1	9	7	5	6	3	8	4	2
7	6	9	2	3	8	4	1	5
8	1	3	4	5	6	7	2	9
5	4	2	1	7	9	3	8	6
3	8	1	7	9	2	6	5	4
9	5	6	3	1	4	2	7	8
2	7	4	6	8	5	1	9	3

Puzzle # 21 **page 85**

9	7	5	8	2	6	3	1	4
4	6	8	9	1	3	5	7	2
2	3	1	4	5	7	6	9	8
6	2	3	7	8	9	1	4	5
7	1	4	5	6	2	9	8	3
5	8	9	1	3	4	2	6	7
1	9	7	3	4	5	8	2	6
8	5	6	2	7	1	4	3	9
3	4	2	6	9	8	7	5	1

Puzzle # 22 **page 86**

6	1	4	8	2	3	5	7	9
5	9	2	7	4	6	8	3	1
3	7	8	5	1	9	4	6	2
9	3	7	2	6	4	1	8	5
8	6	1	9	3	5	2	4	7
4	2	5	1	7	8	6	9	3
1	5	9	6	8	7	3	2	4
2	8	3	4	9	1	7	5	6
7	4	6	3	5	2	9	1	8

Puzzle # 23 **page 87**

3	1	2	9	7	4	6	5	8
6	9	8	1	2	5	7	3	4
7	4	5	8	3	6	2	1	9
9	8	7	5	6	3	4	2	1
5	2	4	7	1	8	9	6	3
1	6	3	4	9	2	5	8	7
4	5	1	2	8	9	3	7	6
8	3	9	6	5	7	1	4	2
2	7	6	3	4	1	8	9	5

Puzzle # 24 **page 88**

3	7	9	2	1	4	5	6	8
5	8	4	7	9	6	3	2	1
6	2	1	5	3	8	4	9	7
1	9	8	6	4	5	7	3	2
7	6	2	9	8	3	1	4	5
4	3	5	1	7	2	9	8	6
2	1	3	4	6	7	8	5	9
8	5	7	3	2	9	6	1	4
9	4	6	8	5	1	2	7	3

Puzzle # 25 — page 89

5	4	7	9	6	8	2	3	1
9	8	3	1	7	2	5	4	6
1	2	6	4	5	3	8	9	7
4	7	8	3	2	5	1	6	9
6	1	2	7	8	9	4	5	3
3	5	9	6	4	1	7	8	2
7	6	1	5	9	4	3	2	8
2	3	4	8	1	6	9	7	5
8	9	5	2	3	7	6	1	4

Puzzle # 26 — page 90

3	2	6	7	9	1	5	8	4
8	5	9	3	2	4	7	1	6
4	1	7	8	6	5	3	9	2
5	3	2	6	4	9	8	7	1
1	7	8	5	3	2	6	4	9
6	9	4	1	7	8	2	3	5
7	6	1	9	5	3	4	2	8
2	8	3	4	1	6	9	5	7
9	4	5	2	8	7	1	6	3

Puzzle # 27 — page 91

1	7	2	5	9	8	6	4	3
4	9	3	2	7	6	1	8	5
5	8	6	1	4	3	2	7	9
7	3	9	4	2	5	8	1	6
6	4	1	8	3	7	5	9	2
8	2	5	9	6	1	4	3	7
3	5	4	6	1	9	7	2	8
2	6	7	3	8	4	9	5	1
9	1	8	7	5	2	3	6	4

Puzzle # 28 — page 92

9	3	8	6	4	2	7	5	1
6	4	2	1	7	5	8	3	9
7	1	5	3	9	8	2	6	4
3	9	4	2	1	6	5	8	7
2	8	7	4	5	9	3	1	6
1	5	6	7	8	3	4	9	2
4	2	9	8	3	1	6	7	5
5	7	3	9	6	4	1	2	8
8	6	1	5	2	7	9	4	3

MAZE

SOLUTIONS

page 94

page 95

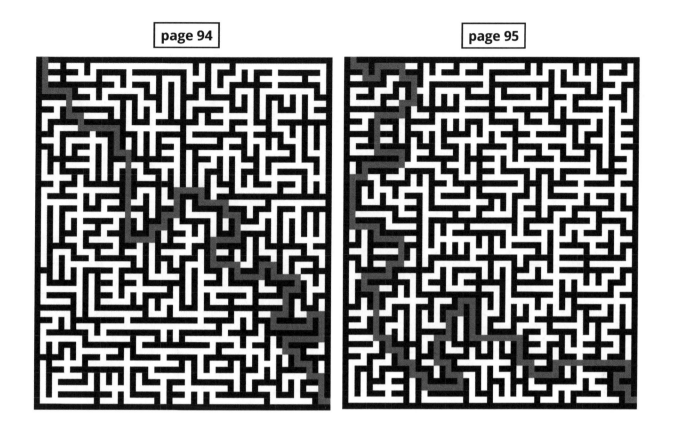

page 96

page 97

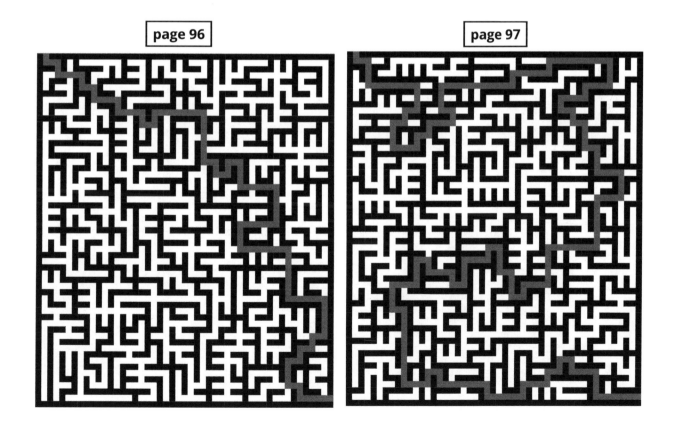

151

page 98   page 99

page 100   page 101

152

page 102

page 103

page 104

page 105

page 110

page 111

page 112

page 113

155

page 114

page 115

page 116

page 117

156

page 118

page 119

page 120

page 121

157

page 122

page 123

158

Thank you

THANK YOU FOR YOUR PURCHASE.
I HOPE YOU'D ENJOY IT.
I APPRECIATE YOUR FEEDBACK.
PLEASE LEAVE YOUR REVIEW ON AMAZON

Printed in Great Britain
by Amazon